DON BOSCO
VERLAG

Andrea Erkert

Bewegungsspiele
für Kinder

Körpererfahrung und Bewegungsförderung
für jeden Tag

Don Bosco

Bibliografische Information der Deutschen Bibliothek

Die Deutsche Bibliothek verzeichnet diese Publikation in der
Deutschen Nationalbibliografie; detaillierte bibliografische
Daten sind im Internet über http://dnb.ddb.de abrufbar.

2. Auflage 2004 / ISBN 3-7698-1306-5
© 2001 Don Bosco Verlag, München
Umschlag: Michael Brandel
Illustrationen: Felix Weinold
Lektorat: UNGER-KUNZ. Lektorat und Redaktionsbüro GbR, Undorf
Produktion: Don Bosco Grafischer Betrieb, Ensdorf

Gedruckt auf umweltfreundlichem Papier

Inhalt

Vorwort

Liebe Eltern und Pädagogen,
Kindern Bewegungserlebnisse zu bieten, leistet einen wichtigen Beitrag zu einer positiven Persönlichkeitsentwicklung.

Doch ist es bei näherem Hinsehen heute gar nicht mehr so einfach, den natürlichen Bewegungsdrang zu fördern: Das Leben unserer Kinder wird mit zunehmender Technisierung und Motorisierung bewegungsärmer. Gefährlicher Straßenverkehr, zu kleine Kinderzimmer, fantasielose Spielplätze, zweckgebundene Spielmaterialien sowie die Tatsache, dass Umwelterfahrungen immer mehr über die Medien, also sozusagen nur aus „zweiter Hand" gewonnen werden – all dies schränkt den Aktivitätsdrang ein und macht Kinder zu kleinen „couch-potatoes".

Dabei belegen aktuelle Studien, dass ein Mangel an Bewegungserfahrungen im Vorschulalter oft tief greifende Folgen hat. Kindern, die ihren natürlichen Bewegungsdrang nicht ausleben dürfen, fehlen nicht nur vielfältige Sinneserfahrungen, die für ihre Sprachentwicklung notwendig sind. Sie klagen auch häufig über Kopf- und Rückenschmerzen. Kinder, die sich wenig bewegen, leiden öfter an Übergewicht und sind daher auch erheblich anfälliger für gesundheitliche Probleme wie Diabetes, Bluthochdruck, Herz-Kreislauf-Erkrankungen, Knochen- und Gelenkschäden.

Neben der Gesundheit kann aber auch das Sozialverhalten und die Psyche der Kinder durch Bewegungsmangel beeinträchtigt werden. Aggressivität, schlechte Laune, Nervosität, mangelnde Konzentrationsfähigkeit und ein geringes Selbstwertgefühl sind oft Hinweise darauf, dass die Kinder zu wenig Bewegung haben.

Probleme dieser Art könnten jedoch leicht verhindert werden, wenn man bedenkt, dass sich Kinder – im Gegensatz zu den meisten Erwachsenen – ganz von selbst gerne bewegen würden, wenn man sie nur ließe.

Kinder erkunden sich selbst, ihre Umwelt und andere Personen auf spielerische Weise und zumeist in Bewegung. Durch eigene Aktivität machen Kinder sinnliche Erfahrungen und entdecken zugleich ihre eigenen Fähigkeiten. Aktivität und Bewegung hilft Kindern, ihre Gefühle wahrzunehmen, Beziehungen zu anderen Menschen aufzubauen und das Selbstvertrauen zu stärken.

Voraussetzung hierfür ist jedoch, dass wir den Kindern etwas zutrauen und ihnen genügend Gelegenheiten bieten, sich zu bewegen. Da Kinder ihr ausgeprägtes Bewegungsbedürfnis überall und jederzeit ausleben wollen, besteht die besondere Aufgabe von familienergänzenden und familienersetzenden Institutionen darin, Bewegungserfahrungen zu ermöglichen und dies vor allem durch veränderbare Spielräume. Beim Bau eines Kindergartens oder einer Schule wird aber heutzutage dem Außenbereich meist viel zu wenig Beachtung geschenkt. Oftmals fehlen Bäume zum Klettern, Büsche zum Verstecken und einfache mobile Spielgeräte, die verwandlungsfähig sind und die Kreativität der Kinder anregen.
Umso wichtiger ist es deshalb, Mehrzweckräume oder Eingangshallen von Kindergärten und Schulen durch die Ausstattung mit Matratzen, Kissen, Wackelbrettern, Pappkartons, Sprossenwänden, Turnbänken, Kästen, Pedalos, Springseilen, Bällen etc. in Bewegungslandschaften zu verwandeln. Sind keine solchen Ausweichmöglichkeiten außerhalb des Gruppenraums vorhanden, dann können auch Ecken und Nischen, in denen sich beispielsweise eine Weichbodenmatte und ein Minitrampolin befinden, zu „Tobe- und Hüpfecken" umfunktioniert werden.

Neben den Freiräumen für eigenmotivierte Aktivitäten brauchen Kinder aber vor allem auch Anleitungen für Spiele, bei denen sie ihr Bewegungsbedürfnis befriedigen und dabei zugleich ihre Sozial- und Handlungskompetenzen erweitern können. Das vorliegende

Buch möchte Ihnen zu diesem Zweck eine Fülle von originellen Bewegungsspielen bieten, die spontan und ohne großen Aufwand in das Tagesgeschehen integriert werden können. Der Spaß und die Freude an den Spielen soll dabei stets im Vordergrund stehen.

Grundsätzlich sind alle angeführten Spiele für Kinder im Vor- und Grundschulalter gedacht. Weil aber für die Fähigkeit zum Mitspielen eher der individuelle Entwicklungsstand der Kinder maßgeblich ist, wurde bewusst darauf verzichtet, den einzelnen Spielen eine genaue Angabe des Eignungsalters beizugeben. Am Anfang jeder Spielanleitung finden Sie Angaben zu den benötigten Spielmaterialien und der Anzahl der erforderlichen Mitspieler.
Damit möglichst alle Kinder gerne mitmachen und dabei auch Erfolgserlebnisse haben, gibt es bei den Spielen keine Sieger und Verlierer. Im Vordergrund steht vielmehr die Förderung spiel- und erlebnisorientierter Aktivitäten, durch die ganz nebenbei Gemeinschaftsgefühl, Raumorientierung, Schnelligkeit, Wahrnehmung, Bewegungskoordination, Ausdauerbereitschaft, Konzentrations- und Reaktionsfähigkeit sowie die Körperhaltung geschult und verbessert werden sollen.

Damit Sie gezielt die richtigen Spiele anwenden können, wurde das vorliegende Buch in mehrere thematische Kapitel gegliedert: Sie finden Spiele zum Kennenlernen, Spiele zur Förderung der Raumorientierung, Spiele zur Förderung der Körperwahrnehmung, Spiele mit bestimmten Materialien, Spiele für Ruheerlebnisse, Spiele mit Musik und auch Spiele, die sich in der freien Natur durchführen lassen. Die einzelnen Abschnitte werden jeweils durch kurze allgemeine Bemerkungen zu den darin zusammengestellten Spielen eingeleitet.

Die Kapitel vier bis acht enthalten darüber hinaus jeweils eine „Mit-machgeschichte" in Form eines Rollenspiels, das in einer Bewe-gungsstunde gespielt werden kann. Solche zeitlich fest eingeplanten Bewegungsstunden, in denen sich Ruhe- und Bewegungsphasen abwechseln, sind neben den eigenmotivierten und den angeleiteten Bewegungsspielen sehr gute Beispiele dafür, wie leistungsfreie Turn- oder Sportstunden gestaltet werden können.

Und nun wünsche ich allen viel Vergnügen beim Spielen!

Andrea Erkert

I. Aufeinander zugehen und Kontakte knüpfen

Schwungvolle Kennenlernspiele

Die Spiele und Übungen des folgenden Kapitels eignen sich besonders für Kinder, die einander noch fremd sind und sich auf spielerischem Wege besser kennen lernen sollen.

Einfache Spielregeln geben dabei den Kindern das Selbstvertrauen, in der Gruppe aktiv mitmachen zu können. Besonders schnell lassen sich Kinder zum Mitspielen motivieren, wenn sie sehen, dass Sie selbst mit Freude dabei sind. Einen weiteren Anreiz zum Mitspielen bieten Sie, wenn Sie Ihre eigene Neugierde äußern. Benutzen Sie daher Sätze wie: „Ich bin gespannt, was *Marco* besonders gerne mag!"

Wenn alle Kinder mitmachen, ist darauf zu achten, dass die Bewegungsspiele zum Kennenlernen stets lebendig bleiben. Dabei darf der Raum, in dem das Spiel stattfindet, nicht zu üppig ausgestattet, zu groß und zu unübersichtlich sein. Zu viele Reize lenken unnötig

ab und verhindern, dass die Kinder sich auf das Spiel einlassen können. In Turnhallen oder größeren Räumen können Kegel, Bänke, Seile etc. als Raumteiler eingesetzt werden, die für die Kinder klar erkennbare Grenzen markieren. Finden die Kontaktspiele im Stuhlkreis statt, dann sollten die Kinder nicht zu dicht nebeneinander sitzen. Unabhängig davon, ob die folgenden Spiele in einem Spielfeld oder in einem Stuhlkreis durchgeführt werden, müssen alle Kinder ausreichend Platz zum Bewegen haben und zueinander Blickkontakt herstellen können.

Gemeinsam erfahrene Bewegungserlebnisse, wie lachen, schwitzen, außer Atem kommen, einander beobachten, nachahmen und anfassen, machen Spaß und steigern das Gemeinschafts- und Zugehörigkeitsgefühl. Im Gegensatz zu den sonst üblichen Formen des Kennenlernens regen die folgenden schwungvollen Kontaktspiele aber auch den Kreislauf an und steigern damit das körperliche Wohlbefinden. Sie helfen den Kinder also nicht nur, ungezwungen miteinander in Kontakt zu treten, sondern auch, ihren eigenen Körper besser kennen zu lernen.

1. Willkommen, bei uns!

Materialien:
Gong oder Triangel

Mitspieler:
ab sechs Personen

Alle Mitspieler gehen im Raum spazieren, bis der Gong erklingt. Nun gehen die Kinder aufeinander zu und finden sich paarweise zusammen. Erfreut begrüßen sie sich und stellen sich gegenseitig vor. Danach gehen die so gebildeten Paare wieder im Raum spazieren, bis erneut der Gong erklingt. Jetzt müssen sich immer zwei Paare finden und miteinander Kontakte knüpfen, sodass Gruppen von jeweils vier Kindern entstehen. Dieser Vorgang wird solange wiederholt, bis alle Kinder als eine Gruppe im Kreis stehen und sich gegenseitig vorstellen.

Variante für die Jüngeren:
Wie oben beschrieben, werden zunächst Paare gebildet. Jedes Mal wenn der Gong ertönt, trennen sich die Kinder jedoch wieder voneinander und suchen sich einen neuen Partner.

2. Mäuschen, spring ins Häuschen!

Als Häuschen dienen drei im Raum verteilte Gymnastikreifen. Die Kinder spielen kleine Mäuschen und krabbeln langsam umher. Damit sie sich dabei nicht zu schnell bewegen, kann die Erzieherin folgenden Satz sprechen: „Alle kleine Mäuschen krabbeln langsam um die Häuschen herum."
Die Kinder krabbeln solange, bis sie einen Trommelschlag hören. Blitzschnell versuchen die kleinen Mäuschen nun in eines der drei Häuschen zu gelangen. Die Kinder, die als erste in einem der Reifen sitzen, stellen sich jetzt laut der Gruppe vor. Danach beginnt eine neue Spielrunde.

Materialien:
Handtrommel, drei Gymnastikreifen

Mitspieler:
ab sechs Personen

Variante:
Die Kinder gehen zum Spiel der Trommel im Raum umher. Ein kräftiger Trommelschlag dient als das Zeichen, blitzschnell in einen der Reifen zu springen.

3. Das Augen-Kontaktspiel

Die Mitspieler bilden einen Kreis. In der Kreismitte befindet sich ein Kind, welches das Spiel beginnt. Es stellt sich mit seinem Namen vor und zwinkert einem der umstehenden Kinder zu. Daraufhin tauschen diese beiden Kinder möglichst geräuschlos ihre Plätze. Der nun im Mittelpunkt stehende Mitspieler stellt sich ebenfalls der Gruppe vor

Mitspieler:
ab sechs Personen

und zwinkert dann einem weiteren Kind zu. Wenn sich jedes Kind in der Kreismitte vorstellen konnte, ist das Spiel beendet.

Variante für die Älteren:
Die Mitspieler erhalten Rasseln. Das Kind in der Kreismitte stellt sich, wie beschrieben, der Gruppe vor und zwinkert einem anderen Kind zu, welches nun mit seiner Rassel einen beliebigen Rhythmus vorspielt. Wenn das Kind in der Kreismitte den Rhythmus mit seiner Rassel wiederholen kann, dann tauschen beide miteinander ihre Plätze.

4. Begrüßungscocktail

Materialien:
Gläser, Strohhalme, verschiedene Fruchtsäfte, Triangel

Mitspieler:
ab vier Personen

Jedes Kind erhält ein Fruchtsaftgetränk mit einem Strohhalm. Behutsam gehen die Kinder mit den halb gefüllten Gläsern im Raum spazieren. Erklingt die Triangel, bleiben alle stehen. Aufmerksam schauen sie sich um und versuchen zu einem anderen Kind Blickkontakt aufzunehmen. Haben sich auf diese Weise zwei Kinder gefunden, dann gehen sie aufeinander zu und trinken Brüderschaft. Wenn die Triangel erneut zu hören ist, dann trennen sich die Paare wieder. Bei jedem folgenden Durchgang suchen sich die Kinder jeweils einen neuen Partner.

5. Das Kind, das ich meine ...

Materialien:
selbstgemachtes Fernrohr

Bastelphase: Für das Fernrohr benötigen die Kinder eine leere Küchenpapierrolle, die sie mit einer glitzernden Hologrammfolie bekleben.
Spielphase: Die Kinder stellen sich nebeneinander in einer Reihe auf. Eines von ihnen stellt sich als Beobachter vor die Reihe und

schaut sich einen beliebigen Mitspieler durch das Fernrohr an. Dabei beschreibt es das Aussehen des so beobachteten Kindes. Glaubt ein Kind aus der Reihe, sich in dieser Beschreibung selbst wieder zu erkennen, dann hebt es die Hand. Wenn es das richtige Kind ist, dann nennt es laut seinen Namen und kommt nun als Beobachter an die Reihe.

Mitspieler:
ab 5 Personen

Variante für die Älteren:
Wenn sich die Gruppe schon etwas besser kennt, dann kann der Beobachter auch Persönlichkeitseigenschaften des von ihm anvisierten Mitspielers benennen.

6. Sich bewegen und begegnen

Die Kinder überlegen sich Motive, die verschiedene Fortbewegungsarten symbolisieren sollen. Auf jeweils vier Kärtchen malen die Kinder das gleiche Motiv. Dabei können z.B. folgende Motive vereinbart werden:

Materialien:
Musik, Kassettenrekorder, Kärtchen mit jeweils vier gleichen Motiven

Spazierstock	=	Die Kinder gehen im Raum umher.
Auto	=	Die Kinder laufen durch den Raum.
Ball	=	Die Kinder hüpfen vergnügt im Raum herum.

Mitspieler:
ab zwölf Personen

Baby	=	Die Kinder krabbeln im Raum umher.
Katze	=	Die Kinder schleichen durch den Raum.
Astronaut	=	Die Kinder bewegen sich extrem langsam.

Wenn alle Mitspieler die Bedeutung der einzelnen Bildmotive kennen, erhält jeder ein Kärtchen. Danach bewegen sich die Kinder zur Musik und tauschen unaufhörlich ihre Kärtchen miteinander aus, bis die Musik plötzlich stoppt. Nun schaut jedes Kind auf seinem Kärtchen nach, wie es sich fortbewegen muss. Diejenigen, welche die gleiche Fortbewegungsart haben, bilden Vierergruppen und stellen sich gegenseitig vor. Beim erneuten Einsetzen der Musik verabschieden sich die Kinder wieder voneinander und das Spiel beginnt von neuem.

7. Komm und tanze mit mir!

Mitspieler:
ab fünf Personen

Die Kinder bilden einen Stuhlkreis. Eines stellt sich in die Stuhlkreismitte und deutet auf einen der anderen Mitspieler, welcher nun laut seinen Namen nennt und sich vor das Kind in der Mitte stellt. Beide geben sich dann die Hände und tanzen im Kreis herum. Dabei singen alle Kinder die erste Strophe des bekannten Kinderlieds „Brüderchen, komm tanz mit mir", wobei aber jeweils der Name von einem der umsitzenden Kinder eingesetzt wird; also etwa: „*Melinda*, komm und tanz mit mir! Beide Hände reich ich dir, einmal hin, einmal her, rund herum, das ist nicht schwer!"
Nun ist das im Lied benannte Kind an der Reihe, sich in die Mitte zu stellen, auf einen weiteren Mitspieler zu zeigen und diesen zu einem Tänzchen zu bitten.

8. Begegnung mit den Jahreszeitenkindern

Vier Kinder der Spielgruppe erhalten die Rolle der „Jahreszeiten-kinder". Zu diesem Zweck bekommen sie jeweils ein Bild mit einer Frühlings-, Sommer-, Herbst- oder Winterlandschaft.

Konnten sich alle anderen Kinder diese Bilder anschauen, dann gehen sie im Raum spazieren. Wenn dabei nun ein „Jahreszeiten-kind" einem anderen Kind begegnet, geben sich beide die Hände und stellen sich gegenseitig vor. Dies wird solange fortgesetzt, bis die Triangel erklingt. Nun müssen sich die vier „Jahreszeitenkinder" blitzschnell zusammenfinden und einen Kreis bilden. Dabei zeigt jedes auf sein Bild und sagt beispielsweise folgenden Satz: „Ich bin das Frühlingskind und heiße *Janina!*"

Sobald sich auf diese Weise alle vier „Jahreszeitenkinder" laut der Gruppe vorgestellt haben, übergeben sie ihre Bilder vier andere Mit-spieler. Das Spiel beginnt nun von neuem.

Materialien:
Triangel, ein Früh-lings-, Sommer-, Herbst- und Winterbild

Mitspieler:
ab zwölf Personen

Anmerkung: Das Spiel kann auch aufwändiger gestaltet werden, indem sich die „Jahreszeitenkinder" mit einem selbst gebastelten Kranz schmücken, welcher aus einem an beiden Enden zusammen-gehefteten Tonpapierstreifen gefertigt wird. Zur Unterscheidung der Jahreszeiten werden auf dem Frühlingskranz Krepppapierblüten, auf dem Sommerkranz Krepppapierblumen, auf dem Herbstkranz Blät-ter aus Tonpapier und schließlich auf dem Winterkranz Schneeflo-cken in Form angeklebter Wattebäuschchen angebracht.

9. Ich und mein Hobby

Die Kinder sitzen im Stuhlkreis. Ein Kind beginnt das Spiel, indem es sich eine Tätigkeit überlegt, die es besonders gerne ausübt. Diese

Mitspieler:
ab drei Personen

Tätigkeit stellt es der Gruppe pantomimisch vor und sagt dabei z.B.: „Ich heiße *Marco* und mag besonders gerne …"

Glaubt ein Mitspieler das angedeutete Hobby zu erkennen, dann teilt er seine Vermutung allen laut mit. Wurde das Hobby richtig erraten, stimmt die ganze Gruppe ein und erklärt z.B.: „Er heißt *Marco* und mag besonders gerne *Fußball spielen!*" Nun bestimmt derjenige, dessen Hobby richtig erraten wurde, ein weiteres Kind, welches wiederum seine Lieblingstätigkeit pantomimisch der Gruppe vorstellt.

10. Das Luftballon-Begrüßungsspiel

Materialien:
Luftballons, Tanzmusik, Kassettenrekorder

Mitspieler:
ab acht Personen

Für dieses Spiel erhält jedes zweite Kind in der Gruppe einen Luftballon. Solange die Musik spielt, bewegen alle Kinder ihre Luftballons unaufhörlich in der Luft, wobei diese aber nicht den Boden berühren dürfen. Wenn nun die Musik plötzlich aufhört, müssen alle Mitspieler versuchen, sich blitzschnell einen der in der Luft befindlichen Ballons zu schnappen. Diejenigen Kinder, die keinen Luftballon fangen konnten, bleiben stehen, bis sie von einem der Mitspieler, die einen Luftballon haben, angesprochen werden. Zur Begrüßung wird dem angesprochenen Kind der Luftballon überreicht. Haben sich die Kinder auf diese Weise miteinander bekannt gemacht, beginnen Musik und Spiel erneut.

11. Besitzer gesucht

Materialien:
Sack, kleine Gegenstände, die den Kindern persönlich gehören

Zunächst werden zwei gleich große Gruppen gebildet. Während die erste Gruppe vor der Tür wartet, legt jedes Kind aus der zweiten Gruppe einen kleinen persönlichen Gegenstand, wie etwa einen Armreif, eine Haarspange oder auch ein Stofftier in den Sack hinein.

Danach werden die Kinder der anderen Gruppe wieder hereingebeten und aufgefordert, sich jeweils einen beliebigen Gegenstand aus dem Sack zu holen. Nun gehen die Mitspieler der zweiten Gruppe im Raum spazieren und warten ab, bis sie von einem Kind mit einem der persönlichen Gegenstände angesprochen werden. Wurden auf diese Weise die Besitzer der Gegenstände gefunden, setzen sich die Kinder paarweise auf den Boden und führen ein Vorstellungsgespräch. Anschließend tauschen die beiden Gruppen ihre Rollen und beginnen eine neue Spielrunde.

Mitspieler:
ab acht Personen

Variante für die Älteren:
Die Kinder der ersten Gruppe fertigen von sich einen Steckbrief an. Aufgrund dieser Personenbeschreibung müssen sie dann von den Kindern der zweiten Gruppe identifiziert und ausfindig gemacht werden.

12. Musikalisches Namensecho

Jeweils zwei Kinder holen sich das gleiche Instrument. Haben alle ein Instrument, suchen sie sich einen Platz im Stuhlkreis.
Nun geht die Erzieherin im Kreis herum und tippt ein beliebiges Kind an, das seinen Namen nennt und dabei auf seinem Instrument spielt. Das Kind, welches das gleiche Instrument besitzt, ist nun das „Echokind": Es wiederholt den gehörten Namen und spielt ebenfalls auf seinem Instrument. Der gleiche Vorgang wird mit den anderen Paaren wiederholt.

Materialien:
Instrumente, wie z.B. Klanghölzer, Trommeln, Finger-Cymbeln etc.

Mitspieler:
ab sechs Personen

13. Alle hören auf mein Kommando

Mitspieler:
ab fünf Personen

Die Mitspieler bilden einen Kreis. Ein Kind stellt sich in die Kreismitte und übernimmt die Rolle des „Kommandanten". Zunächst nennt es laut seinen Vornamen und gibt dann den anderen Befehle, wie beispielsweise mit den Füßen auf den Boden stampfen oder mit den Fingern schnipsen. Die Kinder folgen der gegebenen Anweisung solange, bis der Kommandant seine Hand hebt und auf einen beliebigen Mitspieler deutet. Kann dieser Mitspieler den Vornamen des Kommandanten wiederholen, dann wird er selbst zum Kommandanten und stellt sich laut der Gruppe vor, womit eine neue Spielrunde beginnt.

14. Farbenfrohes Platzwechselspiel

Mitspieler:
ab acht Personen

Bis auf ein Kind sitzen alle im Stuhlkreis. Das in der Stuhlkreismitte stehende Kind beginnt das Spiel, indem es sich aufmerksam alle Mitspieler im Kreis ansieht und ein Kleidungsstück mit einer bestimmten Farbe nennt, welches von mindestens zwei Kindern getragen wird. Dabei sagt das Kind folgenden Satz:
„Alle Kinder wechseln ihre Plätze, die *eine blaue Hose* tragen!"
Blitzschnell müssen nun die betreffenden Kinder reagieren und ihre Plätze tauschen. Das Kind, welches hierbei keinen Sitzplatz ergattern konnte, bleibt in der Mitte stehen und stellt sich vor, worauf das Spiel von vorne beginnt.

Variante für Ältere:
Das Kind in der Kreismitte nennt nicht ein Kleidungsstück, sondern zwei Körpermerkmale, wie beispielsweise blaue Augen und schwarze Haare.

15. Begegnung der Tiere

Die Kinder holen sich zunächst jeweils ein Kärtchen und setzen sich in den Stuhlkreis. Als Nächstes wählen sie ein beliebiges Kind aus, das sich mit seiner Karte in die Stuhlkreismitte stellt. Nachdem es die gut sichtbaren Kärtchen der anderen aufmerksam studiert hat, ahmt es zwei Tiergeräusche nach, welche die übrigen Mitspieler wieder erkennen müssen. Die Kinder, welche die dazu passenden Tierkärtchen besitzen, machen das Tier pantomimisch nach und wechseln dabei ihre Plätze. Das Kind in der Stuhlkreismitte bewegt sich auf der Suche nach einem freien Sitzplatz ebenfalls wie das Tier auf seinem Kärtchen. Derjenige Mitspieler, der dabei keinen Platz finden kann, bleibt als Nächster in der Mitte stehen und wiederholt das Spiel.

Materialien:
Tierkarten

Mitspieler:
ab sechs Personen

Variante für die Jüngeren:
Das Kind in der Mitte nennt zwei Tiernamen. Auch hier wechseln die Kinder, die im Besitz der entsprechenden Tierkärtchen sind, möglichst schnell ihre Plätze.

II. In Bewegung kommen und Räume wahrnehmen

Spiele zur Raumorientierung

Kinder erforschen gerne unbekannte Räume und nehmen dabei ihre Umgebung aufmerksam und mit allen Sinnen wahr. Dabei entdecken sie einerseits vertraute Dinge, die Sicherheit geben, andererseits aber auch Neues, das den Raum belebt.

Bei der Bewegung durch den Raum nehmen die Kinder mit ihren Füßen Kontakt zum Boden auf. Je nachdem, ob sie schleichen, gehen, laufen oder springen, hören sie beim Auftreten unterschiedliche Geräusche. Wenn sie stehen bleiben und zum Beispiel nach einem Gegenstand greifen, der sich im obersten Fach eines Regals befindet, dann richtet sich ihr Blick automatisch nach oben. Beim

Recken und Strecken nach dem Gegenstand erleben sie zugleich den Übergang von der mittleren zur hohen Raumebene. Kriechen die Kinder danach mit dem eroberten Spielzeug auf dem Boden herum, dann bewegen sie sich in der unteren Raumebene.

Die folgenden Übungen und Spiele zur Raumorientierung sollen den Kindern helfen, die Beschaffenheit ihres Spielraums und die verschiedenen Richtungen, in denen sie sich mit unterschiedlicher Geschwindigkeit bewegen können, zu entdecken. Sie lernen dabei auch, ihren eigenen Körper und seine Bewegungen im Raum wahrzunehmen und besser einzuschätzen. Schon die jüngsten Kinder in der Gruppe können hier ausprobieren, wie es ist, wenn man sich ganz klein oder ganz groß macht.

1. Entdeckungsreise „Raum"

Diese Sinnesübung dient dazu, dass die Kinder bewusst den Raum kennen lernen, in dem sie sich gerade befinden. Dazu bewegen sie sich in diesem Raum und versuchen, sich möglichst viele seiner Eigenschaften und Details zu merken.

Mitspieler:
ab einer Person

Sie bleiben stehen, wenn sie an verschiedenen, im Raum befindlichen Dingen schnuppern und sie befühlen. Dazu schließen sie ihre Augen und merken sich die Düfte, die besonders gut riechen und die Dinge, die sich angenehm anfühlen. Als Nächstes versuchen die Kinder, sich mit Hilfe ihres Gehörs zu orientieren. Vorsichtig klopfen sie mit den Fingern auf das Mobiliar oder stampfen auf den Boden. Dabei erleben sie helle und dumpfe oder auch gar keine Klänge.

Anschließend sprechen die Kinder über ihre Erfahrungen: Wie wurde der Raum wahrgenommen? Was konnte alles im Raum entdeckt werden? Wirkte der Raum auf die Kinder beruhigend oder eher verunsichernd und überladen?

2. Gegenstände im Raum wahrnehmen

Materialien:
acht gleichfarbige Schnüre

Mitspieler:
ab zwei Personen

Während ein Kind sich acht Schnüre in einer bestimmten Farbe beschafft, geht ein anderes vor die Tür. Nun befestigt das erste Kind seine Schnüre an verschiedenen Gegenständen im Raum und holt danach das zweite Kind wieder herein. Dieser Mitspieler muss nun die Schnüre suchen und von den Gegenständen entfernen. Sind schließlich alle Schnüre eingesammelt, zählt das Suchkind die Gegenstände auf, an denen es die Schnüre finden konnte. Danach tauschen die Kinder ihre Rollen.

3. Wie groß ist der Raum?

Mitspieler:
ab drei Personen

Die Kinder bilden eine Schlange. Das vorne stehende Kind spielt den Schlangenkopf und gibt den anderen eine beliebige Gangart – beispielsweise schleichen – und eine beliebige Richtung vor. Dabei kann der Schlangenkopf mit der Gruppe z. B. immer an der Wand entlang gehen, sodass die Kinder bewusst die Seiten und Ecken des Raumes wahrnehmen. Wenn die Schlange wieder ihre Ausgangsposition erreicht hat, stellt sich das bisher führende Kind hinten an, und der jetzt vorne stehende Mitspieler erhält die Rolle des Schlangenkopfes.

4. Den Standort erkennen

Materialien:
Triangel

Mitspieler:
ab drei Personen

Die Kinder gruppieren sich paarweise und fassen sich an den Händen. Einer der beiden Partner schließt seine Augen und folgt dem anderen blind durch den Raum. Wenn die Triangel erklingt, bleiben die Kinder sofort stehen und das blind geführte Kind muss nun versuchen, mit geschlossenen Augen seinen Standort herauszufinden.

Dazu tastet es alles um sich herum ab und beschreibt die Dinge, die es fühlt. Glaubt das Kind, seinen Standort erkannt zu haben, dann öffnet es die Augen und überprüft seine Aussage. In der zweiten Runde wird das Spiel mit der umgekehrten Rollenverteilung wiederholt.

5. Mein Körper im Raum

Die Kinder legen sich mit dem Rücken auf den Boden. Die Arme liegen leicht angewinkelt neben dem Körper.
In dieser Position verharren die Kinder solange, bis die Triangel erklingt. Nun rollen sie sich behutsam zur Seite und nehmen dabei bewusst die Veränderung ihrer Körperhaltung wahr. Erklingt die Triangel erneut, dann stehen die Kinder langsam über die Seitenlage auf, bleiben aber stehen. Während dieses Bewegungsablaufes sollen die Kinder darauf achten, ob ihr Körper eher viel oder eher wenig Platz einnimmt. Auf ein weiteres Zeichen mit der Triangel hin stellen die Kinder ihre Beine hüftbreit auf den Boden. Die Knie sollten dabei locker und der Oberkörper gerade aufgerichtet sein. Ziel dieser Haltung ist es, dass die Kinder bewusst ihre Körperform erleben und ihre Standfestigkeit spüren.

Materialien:
Triangel

Mitspieler:
ab einer Person

6. Mein Standbild

Die Kinder bewegen sich zunächst frei im Raum. Wenn die Musik stoppt, bleiben sie sofort stehen und überprüfen ihre momentane Körperhaltung. Auch hier sollten die Kinder darauf achten, ob sie sicher stehen und wie viel Platz ihr Körper in dieser Position einnimmt. Mit dem Wiedereinsetzen der Musik beginnt eine neue Spielrunde. Anschließend findet ein Erfahrungsaustausch in der Gruppe

Materialien:
Musik,
Kassettenrekorder

Mitspieler:
ab einer Person

statt. Fragen, die dabei angesprochen werden können, sind zum Beispiel: Wie weit musste der Körper im Raum ausgedehnt werden, um eine gute Standfestigkeit zu erreichen? Wozu braucht man einen guten Halt?

Variante:
Die Kinder gehen zunächst im Raum spazieren. Wenn sie die Triangel hören, bleiben sie stehen und versuchen mit ihrem Körper möglichst viel oder möglichst wenig Platz einzunehmen.

7. Die Vogelperspektive

Materialien:
Handtrommel, Leiter, Tische, Stühle, Kletterwände etc.

Mitspieler:
ab einer Person

Die Kinder spielen Vögel, die vergnügt im Raum umherfliegen. Beim Ertönen eines kräftigen Trommelschlags müssen sie sich blitzschnell in Sicherheit bringen, indem sie auf Tische und Stühle springen oder auf eine Leiter klettern.

Von ihrer jeweiligen Position aus betrachten die Mitspieler daraufhin intensiv ihre Umgebung und merken sich Dinge, die sie jetzt besonders gut wahrnehmen können. Erklingt der Trommelschlag erneut, dann klettern die Kinder wieder auf den Boden zurück.

Ein Gespräch über die gewonnenen Erfahrungen schließt das Spiel ab: Einige Fragen hierfür sind: „Was konnte ich von oben anders sehen?" „Was konnte ich alles überblicken?" „Wie verändert sich die Perspektive, wenn ich auf dem Boden sitze oder liege?"

Variante:
Die Kinder gehen zum Spiel der Trommel durch den Raum, bis die Trommel verstummt. Ansonsten läuft das Spiel nach dem oben beschriebenen Muster ab.

8. Verschiedene Ebenen kennen lernen

Zweck des folgenden Spieles ist es, dass die Kinder die verschiedenen Raumebenen „hoch", „tief" und „mittel" bewusst wahrnehmen lernen. Dazu gehen die Kinder zunächst einmal frei im Raum spazieren. Erklingt die Triangel einmal, so ist dies für die Mitspieler das Zeichen, sich auf den Boden zu legen, zu sitzen oder zu kriechen und auf weitere Signale zu warten. Ist die Triangel zweimal zu hören, dann wechseln die Kinder in die mittlere Raumebene und machen beispielsweise Drehungen. Wenn die Triangel dreimal angeschlagen wird, dann sollen die Kinder sich auf die obere Raumebene konzentrieren, indem sie zum Beispiel auf den Zehenspitzen gehen und ihre Arme nach oben strecken.

Auch im Anschluss an dieses Spiel sollten in der Gruppe Fragen besprochen werden: „Welche Perspektiven bieten die unterschiedlichen Raumebenen?" „Gibt es Körperhaltungen, die besonders stabil sind?"

Materialien:
Triangel

Mitspieler:
ab einer Person

Variante:

Statt des Wechselns in verschiedene Raumebenen können die Triangelschläge auch Zeichen für andere Positionsveränderungen geben: etwa für das Kriechen unter eine Turnbank bei einmaligem, auf einen Kasten setzen bei zweimaligem und auf eine Sprossenwand klettern bei dreimaligem Anschlag des Instruments.

9. Wechsel der Stimmungen und Raumebenen

Körpersprachliche Signale sind nicht nur Ausdrucksformen für bestimmte Stimmungslagen. Bei den Erscheinungen lassen sich auch verschiedene Raumebenen zuordnen. Der pessimistisch Gestimmte lässt beispielsweise Kopf und Schultern hängen und zieht

Mitspieler:
ab zwei Personen

die Mundwinkel nach unten. Ein aufgerichteter Oberkörper, erhobener Kopf und ein Lächeln signalisieren hingegen die positive Grundeinstellung des optimistisch Gestimmten. Damit die Kinder bewusst den Zusammenhang zwischen Körperhaltung, Stimmungslage und den verschiedenen Raumebenen kennen lernen, darf jeder aus der Gruppe in diesem Spiel verschiedene Stimmungen pantomimisch darstellen. Die restliche Gruppe sollte den Pantomimenspieler beobachten, die dargestellte Stimmung erraten und darüber nachdenken, ob sich der Spieler eher „klein" oder eher „groß" gemacht hat.

10. Klangvoller Richtungswechsel

Materialien:
Musikinstrumente

Mitspieler:
ab einer Person

Auf einem Tisch werden verschiedene Musikinstrumente ausgebreitet, die von den Kindern gemeinsam ausprobiert werden können. Jedem der Instrumente wird dann für das folgende Bewegungsspiel eine andere Bedeutung zugeordnet, so etwa:

Handtrommel	= Die Kinder gehen vorwärts durch den Raum.
Schlagstäbe	= Die Kinder gehen rückwärts durch den Raum.
Schellenkranz	= Die Kinder gehen vorwärts im Kreis herum.
Finger-Cymbeln	= Die Kinder gehen rückwärts im Kreis herum.
Gong	= Die Kinder bleiben regungslos stehen.

11. Das Gruppenlabyrinth

Materialien:
Naturmaterialien,
wie Blätter, Steine,
Stöcke etc.

Die Kinder bilden zwei gleich große Gruppen. Die erste Gruppe legt mit den Naturmaterialien einen Irrgarten auf dem Boden aus und wird dabei von der zweiten Gruppe aufmerksam und konzentriert beobachtet. Ist das Labyrinth fertig, bilden die Kinder der zweiten Gruppe eine Schlange, indem sie sich hintereinander aufstellen und

sich an den Schultern fassen. Das vorne stehende Kind spielt den Schlangenkopf. Seine Aufgabe besteht darin, die eigene Gruppe in den Irrgarten hinein und wieder aus ihm heraus zu führen. Wenn die Schlange das Labyrinth wieder verlassen hat, dann baut die zweite Gruppe ein neues Labyrinth, während die erste nun die Rolle der Schlange übernimmt.

Mitspieler:
ab sechs Personen

12. Die Richtung vorgeben

Die Kinder bilden zunächst Paare. Eines der Kinder aus jedem Paar legt nun jeweils zwei Bierdeckel nebeneinander auf den Boden, auf die sich dann das zweite Kind mit seinen Füßen stellen muss. Danach legt das erste Kind zwei weitere Bierdeckel vor die Füße seines Spielpartners, jedoch so, dass dieser die Bierdeckel mit einem gro-ßen Schritt erreichen kann. Steht der Spielpartner mit beiden Füßen auf den neu ausgelegten Bierdeckeln, dann sammelt der andere die beiden zuerst auf den Boden gelegten Bierdeckel ein und legt sie erneut vor die Füße des zweiten Kindes. Dieser Vorgang wird bis zu zehnmal wiederholt. Anschließend versucht der Spielpart-ner, der auf den Bierdeckeln gehen musste, den genom-menen Weg wieder zurück zu gehen. Konnte er dabei die eingeschlagene Richtung zutreffend bestimmen, dann tauschen die beiden Spielpartner ihre Rollen.

Materialien:
vier Bierdeckel oder aus Pappe ausgeschnittene Fußabdrücke

Mitspieler:
ab zwei Personen

Variante für die Jüngeren:
Hier bleiben die Bierdeckel auf dem Boden liegen, wozu man natürlich mehr Bierdeckel bzw. Fußab-drücke braucht. Ist die Übung beendet, geht das Kind den Weg auf den Bierdeckeln wieder zurück.

13. Runde und eckige Formen

Materialien:
Reifen, Ringe, Bälle, Tische, Bänke etc.

Mitspieler:
ab einer Person

Zur Vorbereitung des Spiels verteilen die Kinder Gegenstände im Raum, die eine runde oder eckige Form haben müssen. Danach gehen sie zunächst um die runden Gegenstände herum. Dabei kommt es darauf an, dass die Kinder die dabei erforderlichen gleichmäßigen, weichen Kreisbewegungen oder Ecken bewusst wahrnehmen. In der zweiten Runde wird die Übung mit den eckigen Gegenständen wiederholt. Die Kinder erleben hier den scharfen Wechsel der Richtungen, der sich beim Herumgehen um die Ecken ergibt und ihren Bewegungsablauf bestimmt.

Variante für die Größeren:
Wenn die Triangel erklingt, dann suchen sich alle Kinder einen runden Gegenstand, um den sie herum gehen. Hören die Kinder dagegen den Trommelschlag, dann wechseln sie zu einer eckigen Form.

14. Unsichtbare Bodenfiguren

Mitspieler:
ab zwei Personen

Einer der Mitspieler stellt sich auf dem Boden eine geometrische Figur vor, etwa einen Kreis, ein Dreieck oder ein Viereck. Nun geht er um die gedachte Figur herum. Die dabei notwendigen Richtungswechsel dienen dazu, den übrigen Kindern Hinweise zum Erraten der Figur zu geben. Entsprechend der gedachten Figur macht das gehende Kind also entweder runde Bewegungen oder wendet scharf an den jeweiligen Eckpunkten. Errät eines der anderen Kinder die dargestellte Figur, dann darf es als nächstes die Rolle des Figuren darstellenden Mitspielers einnehmen.

III. Den eigenen Körper und andere Personen spüren

Spiele, um sich selbst und andere aktiv zu erleben

Kinder, die sich selbst annehmen und akzeptieren können, entwickeln ein positives Selbstwertgefühl. Voraussetzung hierfür ist jedoch, dass auch wir sie ernst nehmen und ihr Selbstvertrauen stärken. Wir müssen die Kinder daher liebevoll begleiten und uns auf die zahlreichen Lernmöglichkeiten besinnen, die sich in ihrem Alltag ergeben.

Kinder, die sich selbst wertschätzen können und ihren eigenen Fähigkeiten vertrauen, gehen aber auch selbstbewusster und offener auf andere Menschen zu. Ihr sicheres Auftreten und ihr fröhliches Wesen machen es ihnen leichter, andere Menschen kennen zu lernen und gegebenenfalls auch Freundschaften zu schließen. Zu einem positiven Selbstwertgefühl gehört es auch, sich im eigenen Körper wohl zu fühlen, ihn selbst und seine Fähigkeiten zu kennen.

31

Ziel der folgenden Übungen und Spiele ist es daher, den Kindern zu helfen, ein positives Verhältnis zu ihrem eigenen Körper und zu anderen Personen aufzubauen. Durch Beobachten, Wahrnehmen, Nachahmen und Darstellen erleben sich die Kinder gegenseitig und entdecken ihre Fähigkeiten. Dabei lernen sie auch verschiedene Bewegungsabläufe und Ausdrucksformen kennen. Die im folgenden Abschnitt vorgestellten Streichelmassagen sollen den Kindern darüber hinaus ein Erlebnis der inneren Harmonie, der Geborgenheit und des Wohlgefühls bieten. Dies ist eine wichtige Voraussetzung dafür, innere Spannungen abzubauen und angenehme Gefühle wahrzunehmen.

1. Komm in die Kreismitte!

Materialien:
Reifen, Tanzmusik, Kassettenrekorder

Mitspieler:
ab sechs Personen

Jeweils drei Kinder tanzen zur Musik um einen auf den Boden gelegten Reifen herum. Wenn die Musik stoppt, müssen sie blitzschnell reagieren und sich zu dritt in den Reifen stellen. Ist dies gelungen, dann umarmen sich die Kinder in ihrem Reifen und warten ab, bis die Musik wieder einsetzt. Daraufhin verabschieden sie sich voneinander, verlassen den Reifen und beginnen eine neue Tanzrunde.

Variante:
Die Anzahl der Kinder, die sich in einem Reifen treffen, wird bei jeder Spielrunde verändert.

2. Bewegungsapparat

Mitspieler:
ab zwei Personen

Die Kinder bilden zunächst Paare. Eines der Kinder aus jedem Paar stellt sich regungslos in den Raum und schließt seine Augen. Aufmerksam wartet es ab, bis sein Spielpartner es leicht berührt, bei-

spielsweise am Arm. Daraufhin bewegt es diesen Arm solange, bis das zweite Kind eine andere Körperstelle antippt. Der Arm kehrt nun wieder in die Ruhestellung zurück, und an seiner Stelle wird das neu bezeichnete Körperteil bewegt. Nach vier bis fünf Durchgängen werden die Rollen getauscht.

Variante für die Älteren:
Hier werden zwei Körperstellen auf einmal berührt, die das Kind dann gleichzeitig bewegt.

3. Taucher auf Schatzsuche

Die Erzieherin versteckt eine kleine Schatztruhe mit Muggelsteinen im Raum. Die Kinder spielen nun die Taucher, welche den Schatz auf dem Meeresgrund finden müssen. Als Taucherausrüstung bekommt jedes eine Sauerstoffflasche (Rucksack) und eine Tauchmaske (Taucherbrille). Die Kinder gehen dann auf dem Meeresgrund spazieren und nehmen dabei bewusst ihre Körperbewegungen wahr. Wie die echten Taucher bewegen sie sich „unter Wasser" extrem langsam. Ist der Schatz gefunden, wird er von den Mitspielern gemeinsam geborgen.

Materialien:
Rucksäcke, Taucherbrillen, kleine Schatztruhe mit Muggelsteinen

Mitspieler:
ab zwei Personen

4. Körperstellen wahrnehmen

Die Mitspieler bilden einen Kreis. Ein Kind setzt sich in die Mitte und schließt die Augen. Dann kleben die anderen die farbigen Punkte behutsam auf den Körper des Kindes. Dieses versucht, sich die markierten Körperstellen zu merken. Wenn alle Punkt verteilt sind, zählt das Kind die markierten Stellen auf und öffnet seine Augen, um zu überprüfen, ob alle Punkte richtig erspürt werden konnten. Derselbe Vorgang wird mit den anderen Mitspielern wiederholt.

Material:
acht selbstklebende, farbige Punkte

Mitspieler:
ab zwei Personen

5. Die Prüfung des Zauberlehrlings

Materialien:
Zauberstab

Mitspieler:
ab vier Personen

Ein Kind aus der Gruppe erhält den Zauberstab und spielt die Rolle des Zauberlehrlings. Die anderen gehen frei im Raum umher, bis der Zauberlehrling sie mit seinem Zauberstab berührt. Sofort bleiben die betreffenden Mitspieler mitten in der Bewegung, die sie eben ausführten, stehen. Sind alle Kinder auf diese Weise „versteinert" worden, dann verwandelt sich der Zauberlehrling zum Zaubermeister, der mit seinem Zauberstab alle Kinder wieder erlöst.

6. Sanfte Berührungen weitergeben

Mitspieler:
ab vier Personen

Die Kinder bilden einen Stuhlkreis. Ein Kind aus der Gruppe beginnt nun das Spiel, indem es eine Körperstelle des rechts von ihm sitzenden Stuhlnachbarn, beispielsweise dessen Nasenspitze, leicht berührt. Die Berührung derselben Körperstelle wird nun reihum an den jeweils rechts sitzenden Nachbarn weitergegeben, bis sie erneut das Ausgangskind erreicht hat. Jedesmal, wenn ein Durchlauf beendet ist, beginnt ein anderes Kind, welches sich eine neue Körperstelle überlegt.

Variante für die Älteren:

Die Kinder geben die Körperberührung mit geschlossenen Augen weiter. Ist die Berührung wieder beim Ausgangskind angekommen, öffnen alle die Augen, um zu überprüfen, ob sich das Signal beim Umlauf verändert hat.

7. Berühren und spüren

Bis auf ein Kind stehen alle Mitspieler mit geschlossenen Augen im Raum. Das sehende Kind geht nun möglichst geräuschlos umher. Vor einem Mitspieler seiner Wahl bleibt es stehen und tippt ihn an den Schultern an. Spürt dieser die Berührung, dann öffnet er seine Augen und geht ebenfalls im Raum spazieren. Danach werden auf die geschilderte Weise zwei weitere Kinder sanft aus ihrem Schlaf geweckt. Der Vorgang wird solange fortgesetzt, bis alle Kinder im Raum spazieren gehen.

Mitspieler:
ab zwölf Personen

Variante für die Älteren:
Die „aufzuweckenden" Mitspieler werden nicht nur angetippt, sondern ihnen wird auch ins Ohr geflüstert, wie sie sich durch den Raum bewegen sollen.

8. Wie es zum Grün kam

Die Kinder ziehen ihre Malkittel an und holen Malpapier und Farben. Danach hören sie die folgende Geschichte:

Es war einmal ein kleines Blau, das ging in die Welt hinaus.
Eines der Kinder taucht seinen Zeigefinger in die blaue Farbe und malt Punkte auf das Papier.
Das kleine Blau lief einmal im Kreis herum, hielt an und schaute sich um.
Mit dem blauen Zeigefinger zeichnet das Kind nun einen großen Kreis.
Von Ferne konnte es etwas rundes Gelbes sehen.
Ein zweites Kind taucht seinen Zeigefinger in die gelbe Farbe und malt einen großen Kreis auf das Papier.

Materialien:
gelbe und blaue Fingerfarben, Papier, Malkittel

Mitspieler:
ab zwei Personen

Gleich wollte das Blau zu dem Gelb gehen.
Das erste Kind bewegt seinen Zeigefinger mit blauer Farbe auf dem Papier in Richtung des gelben Kreises.
Als die beiden Farben sich erblickten, umarmten sie sich vor Entzücken.
Nun vermischen die beiden malenden Kinder ihre Farben auf dem Papier miteinander, sodass ein grüner Farbklecks entsteht.
Sofort kam etwas Grünes heraus und dann war die Geschichte aus!

Variante:
An einem warmen Sommertag können die Kinder die Geschichte mit wasserlöslichen Fingerfarben auch auf dem freien Rücken eines Dritten aufmalen.

9. Eine Schlange bilden

Mitspieler:
ab vier Personen

Die Gruppe bestimmt ein Kind, welches die Rolle des Schlangenkopfes übernimmt.
Danach verteilen sich die Mitspieler im Raum und bleiben an einer beliebigen Stelle stehen.
Der Schlangenkopf geht nun langsam im Raum spazieren, um sich seinen Schlangenkörper zu suchen. Dazu geht das Kind möglichst dicht an einem Mitspieler vorbei, sodass dieser seine Schultern fassen kann und sich damit an den Schlangenkopf anhängt. Beide gehen nun hintereinander im Raum spazieren und suchen sich ein weiteres Kind, welches wiederum die Schultern des zweiten Kindes berühren muss und sich der entstehenden Reihe anschließt. Das Spiel wird solange fortgesetzt, bis alle Kinder eine große Schlange bilden. Anschließend löst sich die Schlange wieder auf. Das Kind, welches als letztes in der Reihe stand, bekommt nun die Rolle des Schlangenkopfes.

10. Rücken an Rücken

Die Kinder bilden Paare und stellen sich Rücken an Rücken in den Raum. Sie vereinbaren unter sich, wer von beiden jeweils die Führung übernimmt. Dann gehen die Paare langsam im Raum spazieren, bis die Triangel erklingt.

In der nächsten Runde berühren sich die Paare nicht am Rücken, sondern beispielsweise mit ihren Nasenspitzen oder sie geben sich die Hände. Wie aneinander geklebt versuchen sie nun, gemeinsam durch den Raum zu gehen.

Materialien:
Triangel

Mitspieler:
ab zwei Personen

Variante für die Jüngeren:
Ein Kind hält das andere an den Schultern fest und lässt sich so durch den Raum führen.

11. Streichelmassagen

Bei den folgenden Streichelmassagen legt sich das Kind entweder bequem auf den Bauch oder setzt sich auf den Boden. Dann erzählt die Erzieherin eine Geschichte und bewegt dabei ihre Hände spielerisch auf dem Rücken des Kindes. Das Anhören der Geschichte und die zärtlichen Berührungen wirken sehr beruhigend und können jederzeit spontan durchgeführt werden.

a. Der Mond hat dich lieb!

Leise, leise geht der Mond auf die Reise!
Die Erzieherin macht mit der Hand eine große Kreisbewegung auf dem Rücken des Kindes.

Er schaut auf die Welt herunter und macht die Nachttiere munter.
Die Fingerspitzen klopfen auf den Rücken.
Der Mond scheint auch auf dich herab und sagt, wie lieb er dich hat!
Mit dem Zeigefinger wird ein großes Herz auf den Rücken gemalt.
Du schließt deine Äuglein zu und genießt die himmlische Ruh!
Das Kind schließt seine Augen und bleibt noch etwas liegen oder sitzen.

b. Der kleine Hase

Es war einmal ein kleiner Hase, der hüpfte auf dem grünen Grase.
Die Erzieherin geht oder hüpft mit dem Zeige- und Mittelfinger auf dem Rücken des Kindes hin und her.
Er sprang über Büsche und Felder, hinein in die dichten Wälder.
Der Zeige- und Mittelfinger wird weiter auf dem Rücken hin und her bewegt. Dann macht die Erzieherin mit beiden Fingern einen großen Sprung auf dem Rücken und lässt die Finger stehen.
Legte sich ins weiche Moos und sprang schließlich wieder los.
Beide Hände streicheln über den Rücken.
Hüpfte hier und hüpfte da, bis er in seiner Höhle war!
Der Zeige- und Mittelfinger wird erneut in der beschriebenen Weise hin und her bewegt. Schließlich bleiben die beiden Finger stehen und die rechte Hand wird flach auf den Rücken gelegt. Am Schluss erfolgt eine große Kreisbewegung.

c. Regentröpfchen auf meinem Köpfchen

Kleine Regentröpfchen, fallen auf mein Köpfchen.
Mit den Fingerspitzen klopft die Erzieherin mehrmals leicht auf den Kopf des Kindes.
Tropfen auf den Rücken, tanzen ganz entzückend.

Die Fingerspitzen „tröpfeln" nun auf den Rücken des Kindes und führen danach eine kreisförmige Bewegung auf ihm aus.

Kommt die liebe Sonne heraus, ist es mit den Tröpfchen aus.

Mit der flachen Hand wird nun eine große Kreisbewegung auf dem Rücken gemacht.

Sonnenstrahlen streichen sanft mein Köpfchen, saugen auf die kleinen Tröpfchen.

Beide Hände streicheln behutsam über den Kopf.

Streicheln sanft den Rücken herunter und machen mich ganz munter!

Nun gleiten die Hände gleichzeitig den Rücken des Kindes herunter.

d. Äpfel pflücken

An einem sonnigen Tag wollte ich spazieren gehen und nach meinem Apfelbäumchen sehen.

Mit der flachen Hand wird eine große Kreisbewegung auf dem Rücken des Kindes beschrieben. Danach trippeln der Zeige- und Mittelfinger auf dem Rücken umher.

Als ich dort angekommen war, hingen viele große Äpfel da.

Der Zeigefinger zeichnet zwei Äpfel auf den Rücken des Kindes.

Pflückte die Äpfel mit der Hand, füllte das Körbchen bis zum Rand.

Mit dem Daumen sowie dem Zeige- und Mittelfinger werden die Äpfel vorsichtig vom Rücken „weggezupft".

Danach ging ich wieder nach Haus und ruhte mich vom Pflücken aus!

Der Zeige- und Mittelfinger gehen wieder auf dem Rücken spazieren, bis sie irgendwann stehen bleiben.

e. Marmorkuchen backen

In einer Schüssel rührst du die Butter schaumig und fügst die Gewürze hinzu.

Mit der flachen Hand macht die Erzieherin eine große Kreisbewegung auf dem Rücken des Kindes. Danach klopft sie mit den Fingerspitzen leicht auf den Rücken.

Nun brauchst du ein Ei, welches du unterrührst.

Mit dem Zeigefinger wird ein Ei auf den Rücken gezeichnet. Anschließend erfolgt erneut eine große Kreisbewegung mit der flachen Hand.

Füge jetzt das Backpulver hinzu und gebe etwas Milch hinein.

Alle Fingerspitzen klopfen leicht auf den Rücken.

Hast du den Teig fertig gestellt, musst du die Napfkuchenform einfetten.

Die Hand wird kreisförmig auf dem Rücken bewegt.

Einen Teil des Teigs füllst du langsam in die gefettete Napfform.

Beide Hände gleiten nun ganz langsam den Rücken herunter.

Den restlichen Teig verrührst du mit Kakao und der übrigen Milch.

Die flache Hand der Erzieherin bewegt sich erneut kreisförmig auf dem Rücken des Kindes.

Nun verteilst du den dunklen Teig auf den hellen Teig.

Daumen und Zeigefinger berühren den Rücken an verschiedenen Stellen.

Den Kuchen schiebst du in den vorgeheizten Ofen. Nach dem Erkalten kannst du den Kuchen essen. Guten Appetit!

IV. Alles, was schwebt oder fliegt

Spiele mit Materialien, die besonders leicht sind

Jedes Kind hat im Herbst schon einmal die fallenden Blätter bei ihrem Tanz zur Erde beobachtet oder seinen Blick auf die am Himmel vorbei fliegenden Zugvögel gerichtet. Sicherlich hat es dabei auch gespürt, wie der Herbstwind um das Gesicht und durch die Haare weht. Kinder beobachten auch gerne, wie Menschen mit Heißluftballons und Flugzeugen die Luft erobern. Die Fliegerei ist ein Thema, das sie fasziniert und ihre Fantasie beflügelt. Haben sie erst einmal die Flugtauglichkeit bestimmter Materialien entdeckt, dann experimentieren sie auch gerne damit. Spielerisch probieren sie aus, auf welche Weise und wie schnell verschiedene Dinge in der Luft schweben oder fliegen können. Dabei wird oft mit kräftigem Pusten nachgeholfen. Gerne basteln die Kinder auch miteinander Papier-

flieger, Drachen, Schwungbänder und Wurfspiele. Das Spiel mit diesen Flugobjekten motiviert sie dann auch wie von selbst zum Bewegen.

Mit Hilfe der folgenden Bewegungsspiele sollen die Kinder verschiedene solcher Flugobjekte ausprobieren und kennen lernen. Alleine oder in der Gruppe machen sie dabei Erfahrungen mit leichten Materialien, die sich zudem unterschiedlich anfühlen. Um die Kommunikationsfähigkeit zu fördern, sollten die Kinder in der Gruppe erzählen, welche Materialien sie besonders gerne in den Händen halten. Das Spielen mit den verschiedenen Flugobjekten schult Geschicklichkeit, Schnelligkeit, Reaktions- und Konzentrationsvermögen und fördert die Begriffsbildung.

1. Tücher schnappen

Materialien:
Handtrommel, Gymnastik-Chiffontücher in den Farben Rot, Gelb und Blau

Mitspieler:
ab acht Personen

Jedes Kind befestigt drei unterschiedlich gefärbte Chiffontücher an seinem Hosen- oder Rockbund.

Danach laufen die Kinder im Raum umher. Begegnen sich zwei Kinder, dann müssen sie versuchen, sich gegenseitig die Chiffontücher wegzunehmen. Diejenigen, denen alle Chiffontücher weggeschnappt wurden, setzen sich auf den Boden und beobachten das Spielgeschehen von dort aus weiter. Ein kräftiger Trommelschlag beendet das Spiel.

Variante:
Die Kinder, welche vor dem Fänger nicht mehr weglaufen können, setzen sich auf den Boden. Zwei neutrale Spieler, die nicht gefangen werden dürfen, laufen im Raum umher und „befreien" die sitzenden Kinder per Handschlag. Danach stehen diese wieder auf und beteiligen sich weiterhin am Spielgeschehen.

2. Die stürmische See

Ein Kind sitzt in der Mitte des am Boden ausgebreiteten Schwung-
tuchs und spielt ein Schiff auf stürmischer See. Die anderen setzen
sich um das Schwungtuch herum, halten es mit beiden Händen an
den Griffen fest und bewegen es unterschiedlich stark auf und ab.
Jedesmal wenn die Wellenbewegungen des Tuchs etwas schwächer
werden, muss das Kind, welches das Schiff spielt, versuchen, aus
dem Schwungtuch herauszukrabbeln und sich in Sicherheit zu bringen. Gelingt dies und ist das Schiff solchermaßen „am Hafen angekommen", dann darf das nächste Kind das Schiff sein.

Materialien:
großes
Schwungtuch aus
Nylon-Fallschirmtuch

Mitspieler:
ab acht Personen

3. Eine Feder pusten

Die Kinder zeichnen mit der Kreide verschiedene Bodenmuster, wie
etwa große Kreise oder Zickzack-Linien, oder führen diese mit den
sichtbaren Klebestreifen auf dem Boden aus. Danach legt jeder eine
Feder auf das von ihm gemalte Muster. Aufgabe ist es nun, die Feder
durch Pusten entlang der Linien der Muster zu bewegen. Dazu atmen
die Kinder zunächst tief ein und aus, sodass sie die Feder in die
gewünschte Richtung pusten. Nach jedem kräftigen Pusten sollte
eine kurze Pause gemacht werden, in der normal weiter geatmet
wird. Sobald die Feder wieder ihre Ausgangsposition erreicht hat, ist
das Spiel beendet.

Materialien:
Feder, Kreide oder
farbige Klebestreifen

Mitspieler:
ab einer Person

Variante:
Während ein Kind auf dem Rücken liegt, pustet ein anderes eine
Feder auf ihm hin und her. Dabei darf die Feder nicht auf den Boden
fallen.

4. Seifenblasenjagd

Materialien:
Triangel, Strohhalme,
Seifenblasenflasche
oder Kurbelix bzw.
Seifenblasenmaschine

Mitspieler:
ab vier Personen

Zwei Kinder erhalten die Seifenblasenflasche und die Triangel, die anderen holen sich je einen Strohhalm. Danach gehen sie langsam im Raum spazieren und warten ab, bis das Kind mit der Seifenblasenflasche viele Seifenblasen herstellt. Nun müssen die Mitspieler versuchen, möglichst viele dieser Seifenblasen mit ihren Strohhalmen zu berühren. Die Seifenblasenjagd wird solange fortgesetzt, bis die Triangel erklingt. Auf dieses Zeichen hin müssen alle in der eben angefangenen Bewegung verharren. Die beiden Kinder, die am schnellsten regungslos stehen bleiben konnten, bekommen nun die Seifenblasenflasche und die Triangel.

5. Der Luftballon auf dem Seidentuch

Materialien:
Luftballons,
Seidentücher
(90 x 90 cm)

Mitspieler:
ab zwei Personen

Die Kinder bilden zunächst Paare. Dann legen sie je einen aufgeblasenen Luftballon auf ihr Seidentuch, welches sie an den Ecken festhalten. Vorsichtig gehen die Paare nun mit ihrem Seidentuch im Kreis herum, wobei der Luftballon nicht herunter fallen darf.
Danach setzen sich die Kinder zusammen und tauschen ihre Erfahrungen aus: „Wie musste man sich bewegen, damit der Luftballon auf dem Seidentuch blieb?" „Wie konnten sich die Spielpartner untereinander verständigen?" „Welches der beiden Kinder übernahm dabei überwiegend die Führung?"

Variante:
Mehrere Luftballons werden auf ein großes Schwungtuch gelegt. Dann wird das Schwungtuch behutsam auf und nieder bewegt, wobei auch hier die Aufgabe darin besteht, möglichst keinen Luftballon herausfallen zu lassen.

6. Unterwegs mit den Seifenblasen

Die Kinder verteilen sich im Raum. Eines erhält die Seifenblasenflasche und die Aufgabe, möglichst viele Seifenblasen herzustellen. Solange die Seifenblasen fliegen, gehen die Kinder im Raum umher. Je mehr Seifenblasen zerplatzen, desto langsamer bewegen sich die Kinder. Wenn schließlich die letzte Seifenblase verschwunden ist, verharren die Kinder unbeweglich in der Haltung, die sie gerade eingenommen haben. Stehen alle auf diese Weise regungslos im Raum, dann klatscht der Mitspieler mit der Seifenblasenflasche in die Hände, worauf die Kinder wieder umhergehen dürfen und das Spiel von neuem beginnt.

Materialien:
Seifenblasenflasche oder Kurbelix bzw. Seifenblasenmaschine

Mitspieler:
ab zwei Personen

Variante:
Hier bleiben die Kinder stehen, wenn sie die ersten Seifenblasen in der Luft sehen. Sind alle Seifenblasen wieder verschwunden, dürfen sie sich wieder im Raum bewegen.

7. Fledermaus wach auf!

Ein Kind aus der Gruppe erhält die Triangel bzw. den Gong und übernimmt damit die Rolle der Kirchturmuhr. Alle anderen bekommen eine Wolldecke und ein Seidentuch. Die Wolldecken werden von den Kindern an selbst gewählten Plätzen im Raum ausgelegt, das Seidentuch legen sie sich um die Schultern und verknoten es zu einer Art Umhang. Nun spielen die Kinder kleine Fledermäuse, die in ihrer Höhle, d.h. unter den Decken, schlafen. Regungslos liegen die Fledermäuse in ihrer Höhle und warten ab, bis die Kirchturmuhr zwölfmal schlägt. Punkt zwölf Uhr wachen sie auf und kriechen langsam aus ihrer Höhle heraus. Dann fliegen sie im Raum umher, bis die Kirchturmuhr einmal zu hören ist. Blitzschnell kehren die Fleder-

Materialien:
Seidentücher (90 × 90 cm), Wolldecken, Gong oder Triangel

Mitspieler:
ab drei Personen

mäuse daraufhin wieder in ihre Höhle zurück. Das Kind, welches als erstes ganz ruhig unter seiner Decke liegt, darf als Kirchturmuhr die nächste Spielrunde einläuten.

8. Luftballon, flieg zu mir!

Materialien:
Luftballon

Mitspieler:
ab vier Personen

Alle Kinder bis auf eines stehen regungslos im Raum. Dieses geht mit einem Luftballon solange spazieren, bis es vor einem Mitspieler seiner Wahl stehen bleibt und ihm den Luftballon zuwirft. Wenn das ausgesuchte Kind den Luftballon fangen konnte, tauschen beide ihre Rollen und das Spiel beginnt von vorne.

Variante:
Hier werfen die erfolgreichen Fänger den Ballon gleich zurück und gehen anschließend hinter dem Werfer her. Das Spiel ist beendet, wenn sich alle Kinder in einer Schlange hinter dem Werfer herbewegen.

9. Folge dem Schwungband

Materialien:
Schwungband oder
Rhythmikband

Mitspieler:
ab zwei Personen

Die Kinder stellen sich im Kreis auf. In der Mitte befindet sich ein Kind, welches einen Rundstab in der Hand hält, an dem ein Stoffband befestigt ist. Mit diesem Schwungband führt es verschiedene Bewegungen aus, die die umstehenden Kinder mit ihrem Körper nachahmen sollen. Dabei können folgende visuelle Zeichen vereinbart werden:

Bei einer kreisförmigen Bewegung des Schwungbands	=	Jedes Kind dreht sich im Kreis.
Bei einer horizontalen Hin- und Herbewegung des Schwungbands	=	Jedes Kind macht mit dem rechten Fuß einen Schritt zur Seite und schließt mit dem linken Fuß auf. Danach macht es mit dem linken Fuß einen Schritt zur Seite und schließt mit dem rechten Fuß auf.
Bei einer vertikalen Auf- und Abbewegung des Schwungbands	=	Die Kinder hüpfen auf der Stelle.

10. Wege, die zum Ziel führen

Zwei Kinder halten jeweils ein Ende des Rhythmikbands fest und spannen dieses leicht an. Dann bewegen sie das Band ganz langsam auf und ab. Die anderen Kinder müssen nun nacheinander versuchen ihre Frisbeescheibe unter dem Rhythmikband hindurchzuwerfen.

Materialien:
Rhythmikband ohne Rundstab, Gummi-Frisbeescheibe bzw. Wurfscheibe

Variante für die Jüngeren:
Das Rhythmikband wird fest zwischen zwei auseinander stehenden Stangen gespannt. Auch hier versuchen die Kinder nun, ihre Wurf- bzw. Friesbeescheiben unter dem Rhythmikband hindurch zu werfen. In einer weiteren Runde lassen die Kinder ihre Wurfscheiben über das Rhythmikband fliegen.

Mitspieler:
ab drei Personen

11. Jongliertücher fangen

Materialien:
Jongliertücher

Mitspieler:
ab einer Person

Für diese Übung werden Jongliertücher aus Nylon-Chiffon benötigt, die die Eigenschaft haben, extrem langsam zur Erde zu schweben. So bleibt noch genügend Zeit, das in die Luft geworfene Tuch wieder aufzufangen. Wenn die Kinder das Hochwerfen und Auffangen des Tuchs beherrschen, dann kann ein weiterer Schwierigkeitsgrad eingeführt werden, bei welchem die Kinder vor dem Auffangen beispielsweise in die Hände klatschen, in die Hocke gehen, sich im Kreis drehen oder mit den Fingern schnipsen. Ein Kind kann dabei auch eine Bewegung vormachen, welche die anderen während des Fallens ihres Jongliertuchs wiederholen sollen.

12. Partnerschaftliches Wurfspiel

Materialien:
Wurfringe, leere
Stapelkisten

Mitspieler:
ab zwei Personen

Die Kinder bilden zunächst Zweiergruppen und holen sich jeweils eine leere Kiste und zwei Wurfringe. Danach stellen sich die Paare vor ihre Kiste und werfen ihre Wurfringe in sie hinein. Solange es beiden Werfern gelingt, mit ihren Ringen in die Kiste zu treffen, vergrößern sie den Abstand zu ihrem Ziel bei jeder Runde um jeweils einen Schritt. Dieser Vorgang wird solange wiederholt, bis eines der Kinder nicht mehr trifft. Ist dies der Fall, dann werden neue Paare gebildet, die das Spiel von vorne beginnen.

Variante für die Älteren:
Hier werfen die Kinder ihre Ringe nicht aus dem Stehen, sondern gehen dabei im Kreis um die Kiste herum. Liegen beide Ringe in der Kiste, dann wird der Kreis und damit der Abstand zum Ziel nach dem oben beschriebenen Muster vergrößert.

13. Auf ein Ziel werfen

Zunächst werden Verpackungen, wie etwa Konservendosen, Jogurtbecher und Milchtüten auf zwei oder drei Tischen ausgebreitet. Danach holt sich jedes Kind eine Frisbeescheibe, mit der es versucht, die leeren Verpackungen vom Tisch zu werfen. Wenn die Tische leer geworfen sind, ist das Spiel beendet.

Variante:
Leere Konservendosen oder Jogurtbecher werden pyramidenförmig aufeinander gestapelt und müssen mit der Frisbeescheibe herunter geworfen werden. Dies ist ein Spiel, welches sich auch für Kinderfeste im Freien eignet.

Materialien:
Gummi-Frisbeescheibe, unterschiedliche Verpackungen, Tische

Mitspieler:
ab einer Person

14. Den Wunschstern fangen

Die Kinder stellen sich im Kreis auf. Eines von ihnen erhält den Fangstern, welcher aus sechs mit Luft gefüllten „Strahlen" besteht, an deren Enden sich die Zahlen null bis vier befinden.
Nun zwinkert dieses Kind einem beliebigen Mitspieler im Kreis zu. Zwinkert dieser zurück, dann wird ihm der Fangstern zugeworfen. Ziel dieser Übung ist die Schulung des Reaktionsvermögens und der Koordination von Auge und Hand. Konnte das Kind den Fangstern an einem Strahl ergreifen und somit fangen, dann sieht es nach, ob sich an dem betreffenden Strahlenende eine Zahl befindet. Ist beispielsweise die Zahl Vier zu sehen, muss sich der Fänger eine Aufgabe überlegen, welche die ganze Gruppe ausführen muss; so etwa viermal auf der Stelle hüpfen, in die Hände klatschen oder auf den Boden stampfen. Befindet sich hingegen die Zahl null auf dem Strahlenende, an dem der Stern gefangen wurde, dann bleibt die Gruppe unverändert stehen.

Materialien:
Spordas „Fangstern" (ca. 30 cm Durchmesser)

Mitspieler:
mindestens drei Personen

Variante für die Älteren:
Beim Fangen versuchen die Kinder immer nach der höchsten Punktzahl zu greifen.

15. Wattebausch im Papiertaschentuch

Materialien:
Wattebausch, Papiertaschentuch

Mitspieler:
ab zwei Personen

Die Kinder gruppieren sich zunächst zu Paaren. Jedes Paar holt sich einen Wattebausch und zwei Papiertaschentücher, die anschließend auseinander gefaltet und als eine Art „Tennisschläger" straff zwischen den beiden Händen gehalten werden. Nun stellen sich die Kinder mit ihren Papiertaschentüchern gegenüber und spielen sich mit den Taschentüchern gegenseitig den Wattebausch zu. Um den Wattebausch mit den Papiertaschentüchern werfen und fangen zu können, müssen die Kinder nah beieinander stehen.

Variante für die Jüngeren:
Hier wird versucht, den Wattebausch mit dem Papiertaschentuch hochzuwerfen und selbst wieder aufzufangen.

16. Das bunte Fangsternspiel

Materialien:
Spordas „Fangstern", rote, gelbe und blaue Mannschaftsbänder

Mitspieler:
ab zwölf Personen

Die Kinder stellen sich im Kreis auf und sind zur Unterscheidung mit den verschiedenfarbigen Mannschaftsbändern gekennzeichnet. Nun beginnt das älteste Kind der Gruppe das Spiel, indem es einem Mitspieler seiner Wahl zuzwinkert. Zwinkert das ausgesuchte Kind zurück, dann muss es den Fangstern an einem seiner sechs Spitzen auffangen. Anschließend sieht das Kind nach, welche Farbe die Spitze hat, mit der der Stern von ihm gefangen wurde. Hat diese Spitze nicht die gleiche Farbe wie die Mannschaftsbänder, ist sie also nicht rot, gelb oder blau, dann wird der Fangstern auf die eben

geschilderte Weise einem weiteren Kind zugeworfen. Dieser Vorgang wird solange wiederholt, bis der Stern tatsächlich an einer roten, gelben oder blauen Spitze gefangen wurde. Ist dies der Fall, dann tauschen die Kinder, deren Mannschaftsbänder farblich mit der Spitze übereinstimmen, an der der Stern gefangen wurde, ihre Plätze.

Variante:
Der Fänger, der eine rote, gelbe oder blaue Spitze in der Hand hält, teilt den betreffenden Kindern der gleichen Mannschaftsfarbe mit, ob sie beim Platzwechsel krabbeln, hüpfen, stampfen oder gehen müssen.

17. Das Paar-Luftballonspiel

Die Kinder bilden einen Kreis und stellen sich paarweise ganz dicht zusammen. Jeweils das links stehende Kind legt seinen rechten Arm um die Schulter des rechten Nachbarn. Den freien Arm strecken alle Mitspieler zur Kreismitte hin aus.
Das Spiel beginnt, indem jedes Paar mit seinen noch freien Händen nach dem Luftballon greift. Gemeinsam werfen sie auf diese Weise den Luftballon einem anderen Paar zu, das diesen wiederum an ein drittes Paar weiterspielen muss. Bei diesem Spiel ist besonders die Reaktions- und Koordinationsfähigkeit gefragt, um zu verhindern, dass der Ballon außerhalb des Kreises landet.

Materialien:
Luftballon

Mitspieler:
ab vier Personen

Variante für die Jüngeren:
Die Kinder stehen im Kreis, ohne sich gegenseitig die Arme auf die Schultern zu legen und werfen sich mit beiden Händen gegenseitig den Luftballon zu. In der nächsten Runde kann der Luftballon dann beispielsweise mit den Knien im Kreis umher bewegt werden.

18. Hindernisse umfliegen

Materialien:
Schnüre, Papierflieger

Mitspieler:
ab einer Person

Zunächst muss jedes Kind einen Papierflieger herstellen. Ein DINA4-Blatt wird so gefaltet, dass die senkrechte Mittelachse als Bruchkante entsteht. Rechte und linke Ecke werden zur Bruchkante gefaltet (Abb. 2) Die neu entstandenen Ecken werden nochmals zur Bruchkante hin geknickt (Abb. 4). Nochmals werden die neuen Ecken zur Mittelachse geknickt (Abb. 5 u. 6). Dreht man nun den Flieger um kann man ihn mit zwei Finger an der Mittelachse greifen und losfliegen lassen. (Abb. 7)

In der anschließenden Spielphase spannen die Kinder zwischen Tischen, Stühlen und Regalen im Raum Schnüre, über die sie dann ihre Papierflugzeuge fliegen lassen. Auch für dieses Spiel ist eine gute Wurf- und Zielfähigkeit notwendig. Damit die Papierflieger nicht die Schnüre berühren, müssen die Kinder gut zielen und ruhig werfen.

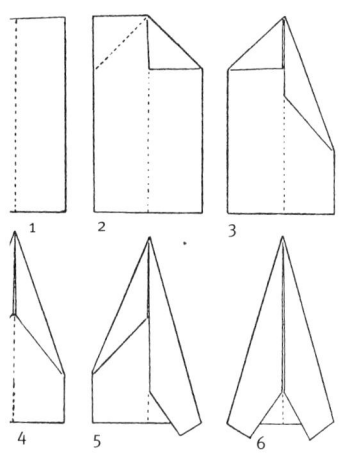

Variante für die Älteren:
Entsprechend den verschiedenen Raumebenen (hoch – mittel – tief) erhalten die Kinder die Aufgabe, die Papierflieger unter, zwischen oder über die Schnüre fliegen zu lassen.

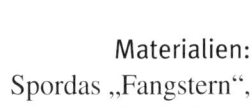

Materialien:
Spordas „Fangstern",
Mannschaftsbänder in
verschiedenen Farben

Mitspieler:
ab zwölf Personen

19. Der Fangsternlauf

Zwei Kinder erhalten den Fangstern, die anderen bilden einen großen Kreis und werden mit Mannschaftsbändern in den Farben markiert, die sich auch auf den Spitzen des Fangsterns wiederfinden. Die beiden Kinder mit dem Fangstern stellen sich nun in die Mitte des Kreises und beginnen, sich den Stern gegenseitig zuzuwerfen.

Dabei zeigen sie den übrigen Mitspielern jedesmal die Farbe derjenigen Spitze, an der sie den Stern aufgefangen haben. Dies ist das Zeichen für die Kinder mit den Mannschaftsbändern in der gleichen Farbe, sofort einmal um den Kreis herum zu laufen. Die beiden Läufer, welche als erste wieder auf ihrem ursprünglichen Platz stehen, tauschen dann mit den Kindern in der Kreismitte die Rolle.

20. Indiaca-Eimerspiel

Die Kinder schließen sich paarweise zusammen und holen sich je einen leeren Eimer und einen Indiaca-Ball, der aufgrund seines geringen Gewichts besonders langsam fliegt.

Jeweils eines der Kinder beginnt das Spiel, indem es den Ball mit der flachen Hand so hoch wie möglich in die Luft schlägt. Sein Spielpartner muss nun die Flugbahn aufmerksam verfolgen und versuchen, den Ball mit dem Eimer aufzufangen. Gelingt ihm dies, dann werden die Rollen von Werfer und Fänger vertauscht.

Materialien:
Indiaca-Ball bzw.
Federbuschball,
Eimer oder
Markierungskegel

Mitspieler:
ab zwei Personen

Variante:
Hier werfen die Kinder die Bälle abwechselnd in unterschiedlich große Weidenkörbe hinein, die im Raum verteilt stehen.

21. Eine Bewegungsstunde mit Zeitungen

a. Die Experimentierphase
Das freie Spiel mit den großen Zeitungsblättern ist für Kinder sehr reizvoll.

Fasziniert von der Leichtigkeit und Verwandlungsfähigkeit des Materials entwickeln sie rasch eigene Gestaltungs- und Bewegungsideen. Die Bewegungsstunde wird von einer Experimentierphase

Materialien:
Zeitungen,
Tisch, Stühle

eingeleitet. Hier sollen die Kinder Zeitungsdoppelseiten in freiem Spiel benutzen. Sie können diese beispielsweise:

– auseinander pusten
– rascheln und knistern lassen
– auf Kopf oder Rücken tragen
– beim Gehen über den Kopf halten
– zum Flattern oder Fliegen bringen
– hochwerfen und wieder auffangen
– von einem Stuhl aus auf den Boden werfen
– auf dem Bauch halten und dann beim Laufen loslassen
– zum Zudecken benutzen
– als Rock, Kopftuch oder Hut verwenden
– auf dem Boden ausbreiten und an den Rändern entlang hüpfen
– als „Floß" verwenden, indem man sich darauf setzt
– mit den Füßen vom Boden aufheben
– so klein wie möglich zusammenfalten
– zusammenknüllen und als „Ball" benutzen etc.

Ziel der Experimentierphase ist es, das vielseitig verwendbare Alltagsmaterial Zeitung spielerisch kennen zu lernen. Im freien Umgang mit dem Material wird zugleich auch die Motorik, die Fantasie und die Kreativität der Kinder gefördert. Zum Abschluss der Experimentierphase spricht die Gruppe über die Eigenschaften der Zeitungsblätter. Dabei erfahren die Kinder auch, dass sie mit den Zeitungsblättern behutsam umgehen müssen.

b. Das Ruhespiel – Sich in aller Ruhe vorbereiten
Zu Beginn des anschließenden Ruhespiels lädt die Erzieherin die Kinder feierlich zum Fallschirmspringen ein. Damit auch alle Kinder einen „Fallschirm", d.h. eine Zeitungsdoppelseite erhalten, bilden sie um einen Tisch herum einen Stuhlkreis. Nun breitet die Erzie-

herin auf dem Tisch eine Zeitung aus und flüstert den Namen eines der anwesenden Kinder. Wenn das angesprochene Kind seinen Namen hört, dann geht es zum Tisch und nimmt sich dort möglichst geräuschlos einen „Fallschirm", d.h. eine Zeitungsdoppelseite weg. Durch das Aufeinanderlegen der Zeitungsdoppelseiten packt es seinen „Fallschirm" ein und geht dann mit ihm wieder auf seinen Platz zurück. Wenn alle Kinder auf diese Weise im Besitz eines „Fallschirms" sind, ist das Ruhespiel beendet.

Ziel des Ruhespiels ist es, die Konzentration der Kinder zu steigern und die Zeitungsdoppelseiten für die nachfolgende Mitmachgeschichte auszuteilen.

c. Die Mitmachgeschichte – Lass uns Fallschirm springen!
Die Erzieherin bittet nun die Kinder, ihre Stühle in eine Reihe hintereinander zu stellen.
Danach nehmen sie ihre zusammengefalteten „Fallschirme" zur Hand, lauschen der folgenden Geschichte und machen Bewegungen dazu:

Wir befinden uns auf dem Flughafen und die Sonne scheint freundlich vom blauen Himmel herab. Das sind ideale Bedingungen zum Fallschirmspringen. Wollt ihr gerne Fallschirmspringen?
Die Kinder rufen laut „JA!"
Also, gut. Dann gehen wir die Rolltreppe hinauf und steigen in das große Flugzeug ein.
Die Kinder stellen nun pantomimisch dar, wie sie die Rolltreppe hinauf gehen. Vor der Stuhlreihe bleiben sie stehen.
An Bord angekommen, sucht sich jeder Fallschirmspringer einen Sitzplatz.
Jedes Kind setzt sich auf einen Stuhl.

Den Fallschirm legen alle Fallschirmspringer unter ihren Sitzplatz.

Nun legen die Kinder ihre Zeitungsblätter unter ihren Stuhl.

Bevor wir losfliegen, müssen wir uns gut anschnallen.

Die Kinder deuten das Anschnallen pantomimisch an.

Seid ihr alle angeschnallt?

Die Gruppe ruft laut „JA!"

Hervorragend, dann können wir starten. Jetzt hören wir den Motorenlärm und spüren, dass sich das Flugzeug in Bewegung setzt. Das Flugzeug rollt immer schneller über die Startbahn, bis es abhebt.

Die Kinder ahmen den steigenden Motorenlärm und das Rollen des Flugzeugs über die Startbahn nach, indem sie immer heftiger trampeln. Sobald das Flugzeug abhebt, bleiben sie ruhig sitzen.

Allmählich hat das Flugzeug an Höhe gewonnen, sodass es ganz ruhig durch die Luft fliegt. Wir genießen den angenehmen Flug und recken uns ein wenig.

Alle Kinder strecken und recken die Arme in die Luft.

Nun wird es langsam Zeit mit dem Fallschirmspringen zu beginnen. Wir schnallen uns wieder los und jeder Fallschirmspringer holt seinen Fallschirm unter seinem Sitzplatz hervor.

Die Kinder deuten das Abschnallen pantomimisch an und holen ihre Zeitungsblätter unter den Stühlen hervor.

Habt ihr alle die Fallschirme dabei?

Die Gruppe ruft laut „JA!"

Ausgezeichnet, dann bildet bitte eine Reihe.

Nun halten die Kinder ihre Zeitungsblätter mit beiden Händen fest und stellen sich hintereinander neben den Stühlen auf.

Jetzt springt ihr nacheinander aus dem Flugzeug heraus. Keine Angst, es kann Euch nichts passieren! Die Fallschirme werden Euch sicher zur Erde bringen!

Nacheinander steigen die Kinder auf ihren Stuhl und springen mit ihren Zeitungsblättern vom Stuhl herunter.

Hoch über der Erde öffnen alle Fallschirmspringer ihren Fallschirm.

Die Kinder falten jetzt ihre Zeitungsdoppelseiten auseinander und laufen durch den Raum. Dabei halten sie ihre Zeitungsblätter über den Kopf, sodass sie flattern.

Sie fliegen ganz ruhig mit ihrem Fallschirm der Erde entgegen. Von hier oben sehen die Dächer der Häuser ganz winzig aus. Klein ist auch der See, der von Bäumen und Sträuchern umgeben ist.

Die Kinder gehen mit den Zeitungsdoppelseiten über dem Kopf leise im Raum spazieren.

Unterwegs zur Erde begegnen sich die Fallschirmspringer. Sie fliegen ganz ruhig aneinander vorbei.

Wenn sich zwei Kinder begegnen, gehen sie aneinander vorbei, ohne sich zu berühren.

Immer wieder schaut ihr zur Erde hinunter, bis Ihr eine wunderschöne Blumenwiese entdeckt.

Die Kinder gehen mit den Zeitungsseiten über dem Kopf langsam durch den Raum und schauen immer wieder auf den Boden.

Hier wollt ihr gerne landen.

Alle Kinder gehen weiter langsam im Raum herum.

Jetzt sind alle Fallschirmspringer nur noch wenige Meter vom Boden entfernt. Um Kraft zu schöpfen, atmet ihr kräftig ein und aus.

Jetzt bleiben die Kinder stehen und atmen kräftig ein und aus.

Bei der Landung setzt ihr einen Fuß nach dem anderen auf die Erde auf. Dabei spürt ihr das angenehm weiche Gras unter den Füßen. Voller Freude über die geglückte Landung, nehmen sich alle Fallschirmspringer gegenseitig in die Arme.

Die Kinder bewegen ihre Füße auf und ab. Danach legen sie ihre Zeitungsblätter auf den Boden. Anschließend umarmen sie sich gegenseitig.

Danach packt jeder Fallschirmspringer seinen Fallschirm wieder ein und ruht sich aus!

Alle falten ihre Zeitungsdoppelseite einmal zusammen und setzen sich auf sie.

d. Ruhephase

Während die Kinder ganz ruhig auf ihrer Zeitung sitzen, flüstert die Erzieherin zwei Namen. Die betreffenden Kinder stehen auf, geben ihre Zeitung ab und verlassen möglichst geräuschlos den Raum. Danach flüstert die Erzieherin die Namen von zwei weiteren Kindern, welche ebenfalls zum Spielen nach draußen gehen dürfen. Wenn alle Kinder auf diese Weise den Raum verlassen haben, ist die Bewegungsstunde beendet.

Aufgabe der Ruhephase ist die Schulung der akustischen Wahrnehmung sowie der Reaktions- und Konzentrationsfähigkeit. Die Kinder werden ruhiger und verlassen weniger aufgedreht den Raum.

V. Rollend und hüpfend in die Welt hinaus

Spiele mit Materialien, die zum Bewegen anregen

Rollende und hüpfende Spiel- und Sportgeräte erfreuen sich großer Beliebtheit bei Kindern. Bälle, Pedalos, Rollbretter, Reifen und Hüpfbälle sind vielseitig einsetzbar und haben einen hohen Aufforderungscharakter. Die meisten dieser Spielgeräte sind den Kindern bereits von klein auf vertraut und sollten daher zur Grundausstattung jedes Kindergartens und jeder Grundschule gehören. Damit diese Spielgeräte spontan eingesetzt werden können, sollte für jedes Kind mindestens ein Ball, ein Reifen und ein Hüpfball vorhanden sein. Pedalos und Rollbretter, die sich auch zur Bewegungsförderung im Therapiebereich eignen, gibt es in den unterschiedlichsten Variationen. Wer handwerklich begabt ist, kann diese Spielgeräte auch selbst herstellen.

59

Die hier vorgestellten Spiele mit diesen Spielgeräten schulen die Bewegungskoordination und erhöhen die Ausdauerbereitschaft, Kraft, Fantasie und Wahrnehmungsfähigkeit. Spiele mit Geschicklichkeitsgeräten, wie beispielsweise Hüpfbällen, Pedalos und Rollbrettern fördern zudem den Gleichgewichtssinn und trainieren den richtigen Muskeleinsatz.

Alle Spielgeräte dieser Art sind handlich und leicht; sie können daher bereits von den Jüngsten benutzt werden, denen damit auch das Gefühl gegeben wird, in der Gruppe erfolgreich mitspielen zu können. Aus diesem Grund haben die Geräte, die bei den nachfolgenden Spielen zum Einsatz kommen, auch eine kontakt- und kooperationsfördernde Funktion. Die Kinder haben mit ihnen die Möglichkeit, sich als Teil der Gruppe zu erleben und ein Gemeinschaftsgefühl zu entwickeln.

1. Der Feuerball

Materialien:
Ball

Mitspieler:
ab sechs Personen

Die Kinder bilden im Schneidersitz einen engen Kreis. Ein Mitspieler beginnt das Spiel, indem er den heißen „Feuerball" möglichst schnell in den Schoß des rechts von ihm sitzenden Nachbarn legt. Dieser gibt den Ball dann genau so schnell an seinen rechten Nachbarn weiter. Diese Übung verlangt eine schnelle Reaktionsfähigkeit, damit das Tempo bei der Ballübergabe möglichst hoch bleibt. Fällt der Ball einem Kind bei der Übergabe aus den Händen, dann muss das erste Kind wieder von vorne mit dem Spiel beginnen. Erst wenn der Ball wieder bei dem Ausgangskind angekommen ist, ist die erste Spielrunde beendet.

Variante für die Älteren:
Hier kann der „Feuerball" sowohl dem rechten als auch dem linken Nachbarn übergeben werden. Eine andere Variationsmöglichkeit ist,

dass das Kind, welches gerade den „Feuerball" hat, einem Mitspieler seiner Wahl zuzwinkert und ihm dann den Ball zurollt.

2. Angetippt und losgehüpft

Alle Kinder bis auf eines sitzen auf ihren Hüpfbällen im Kreis und schließen die Augen.
Ein Kind befindet sich mit seinem Hüpfball außerhalb des Kreises und beginnt nun möglichst leise um den Kreis herum zu hüpfen. Nach einer gewissen Zeit hält es hinter einem Mitspieler seiner Wahl an und tippt diesem auf die Schultern. Spürt jener die Berührung, öffnet er die Augen und hüpft los, um das erste Kind zu fangen. Ähnlich wie bei dem bekannten Spiel „Faulei", muss das verfolgte Kind nun versuchen, möglichst schnell in die entstandene Lücke im Kreis zu gelangen. Wurde es jedoch vorher gefangen, dann muss es in der Kreismitte warten, bis es von einem anderen Kind abgelöst wird.

Materialien:
Hüpfbälle bzw. Sprungbälle

Mitspieler:
ab sechs Personen

3. Hüpffußball

Die Kinder hüpfen auf ihren Sprungbällen im Raum umher. Dann wird ein ungefährlicher Knautschball in das Spielfeld geworfen. Die Kinder versuchen nun, sich den Knautschball mit ihren Füßen gegenseitig zuzuspielen. Dies erfordert von ihnen, das Gleichgewicht auf dem Sprungball zu halten und sich zugleich gegenseitig beobachten zu können.

Materialien:
Hüpf- bzw. Sprungbälle, Knautschball oder Softball

Mitspieler:
ab zwei Personen

Variante:
Zum Spielen werden nicht nur einer, sondern zwei bis drei Knautschbälle eingesetzt.

4. Folge dem Ball mit dem Glöckchen

Materialien:
Ball mit Glöckchen
oder transparenter
Glockenball

Mitspieler:
ab sechs Personen

Bei diesem Spiel werden Kinder für sehbehinderte und blinde Menschen sensibilisiert.
Dazu bilden die Kinder einen Kreis. Eines stellt sich in die Kreismitte und schließt die Augen. Dann wartet es ab, bis ihm ein Ball, der mit einem Glöckchen bestückt ist, zugerollt wird. Damit das Kind den Ball mit dem Glöckchen gut hören kann, müssen alle anderen Mitspieler mucksmäuschenstill sein. Befindet sich der Ball mit dem Glöckchen vor dem Kind, dann muss es versuchen, ihn sofort aus dem Kreis zu kicken. Danach öffnet es seine Augen und tauscht seinen Platz mit einem anderen Mitspieler.

5. Ich gebe dir die Hände

Materialien:
Hüpf- bzw.
Sprungbälle, Glocke

Mitspieler:
ab sechs Personen

Die Kinder hüpfen zunächst mit ihren Sprungbällen frei im Raum herum. Wenn die Glocke erklingt, suchen sich die Kinder einen Spielpartner, neben den sie sich mit ihren Sprungball postieren. Mit der einen Hand halten sie sich an einem Griff ihres Sprungballs fest, mit der anderen ergreifen sie die Hand ihres Spielpartners und hüpfen so gemeinsam im Raum umher. Erklingt die Glocke erneut, so trennen sich die Paare wieder und suchen sich einen neuen Partner.

Variante für die Jüngeren:
Jeweils zwei Kinder hüpfen, ohne sich an den Händen zu halten, solange im Raum nebeneinander her, bis die Glocke erklingt.

6. Das Sonnenballspiel

Mit den Gymnastikstäben, welche die Strahlen darstellen, legen die Kinder eine große Sonne auf dem Boden aus. Dann holen sie sich die Gymnastikbälle. Jeweils ein Kind stellt sich nun mit seinem Gymnastikball zwischen zwei „Sonnenstrahlen". Damit ausreichend Platz vorhanden ist, sollte der Raum vor und hinter den Kindern unbesetzt bleiben. Das Spiel beginnt, indem eines der Kinder seinen Ball zum Beispiel in den nächstgelegenen Zwischenraum prellt. Alle anderen Mitspieler machen ihm dies nach. Danach kommt ein anderes Kind an die Reihe, das mit einer ähnlichen Vorlage das Spiel erneut beginnt.

Materialien:
Gymnastikstäbe und -bälle

Mitspieler:
ab drei Personen

Variante für die Jüngeren:
Die Kinder machen nacheinander eine Bewegung mit ihrem Ball vor, welche die übrige Gruppe wiederholen muss.

7. Reifen aufeinander stapeln

Die Kinder legen Gymnastikreifen nebeneinander auf den Boden. Das jüngste Kind beginnt das Spiel, indem es einen dieser Reifen vom Boden aufnimmt, über seinen Kopf stülpt und sich dann in ihn hineinstellt. Danach steigt es wieder aus dem Reifen heraus und zwinkert einem Mitspieler zu, welcher nun einen weiteren Reifen holt. Danach steigt dieser Mitspieler in den Reifen des ersten Kindes hinein und stülpt sich seinen eigenen Reifen ebenfalls über den Kopf. Vorsichtig legt er diesen dann auf den bereits am Boden liegenden anderen Reifen auf. Auch er steigt dann wieder aus den beiden Reifen heraus und zwinkert dem nächsten Kind zu. Auf diese Art und Weise wird ein Reifen auf den anderen gestapelt. Liegen alle aufeinander, ist das Spiel beendet.

Materialien:
Gymnastikreifen

Mitspieler:
ab einer Person

8. Das rollende Fangspiel

Materialien:
Schaumstoffball,
vier Kegel

Mitspieler:
ab acht Personen

Zunächst markieren die Kinder mit den vier Kegeln die Eckpunkte ihres Spielfeldes. Während die eine Hälfte der Kinder sich außerhalb des Spielfeldes aufhält, verteilen sich die anderen im Inneren. Aufgabe der Außenstehenden ist es nun, die Mitspieler im Feld mit einem Schaumstoffball zu jagen, der allerdings nur gerollt werden darf. Gelingt es, den Fuß eines im Innenraum befindlichen Kindes zu treffen, dann muss dieses mit dem „Schützen" seinen Platz tauschen.

Variante:
Wird ein Kind ausgewechselt, bestimmt der erfolgreiche „Schütze" wie sich die Kinder im Spielfeld fortbewegen müssen.

9. Spieluhren aufziehen

Materialien:
Doppelpedalo,
Zauberstab

Mitspieler:
ab vier Personen

Ein Kind fährt mit seinem Pedalo durch den Raum, in dem sich alle anderen Mitspieler der Gruppe verteilt haben. Aufgabe des Kindes mit dem Pedalo ist es nun, die übrigen Kinder, welche die Spieluhren darstellen, „aufzuziehen". Zu diesem Zweck fährt es zu den einzelnen Kindern und berührt sie sanft mit einem Zauberstab auf dem Rücken. Spürt ein Kind die Berührung mit der Stabspitze, dann beginnt es, sich unaufhörlich auf der Stelle zu bewegen. Wenn alle Spieluhren aufgezogen sind, stellt sich das Kind mit dem Zauberstab in die Raummitte und hebt diesen in die Luft. Während es den Stab dann langsam zur Erde sinken lässt, werden die Spieluhren immer langsamer und bleiben schließlich stehen.

Variante für die Jüngeren:
Zum Fortbewegen benutzt der Uhrenaufzieher statt des Pedalos ein Rollbrett.

10. Die Reise des Balls

Zunächst verteilen sich alle im Raum. Ein Kind beginnt das Spiel, indem es dem Ball mit beiden Händen einen kräftigen Stoß gibt, sodass dieser möglichst weit wegrollt. Die übrigen Kinder verfolgen die Laufbahn des Balls. Das Kind, das dem zum Stillstand gekommenen Ball am nächsten steht, ist nun an der Reihe, diesen durch den Raum zu stoßen.

Materialien:
Gymnastikball

Mitspieler:
ab sechs Personen

Variante:
Das Kind, welches dem Ball bei dessen Stillstand am nächsten ist, krabbelt, hüpft oder schleicht zu ihm hin.

11. Das Käselöcherspiel

Alle Kinder bis auf eines stellen sich im Kreis auf. Zwischen zwei Kindern steht jeweils ein Reifen, der von links und von rechts festgehalten wird.
Das außerhalb des Kreises befindliche Kind spielt nun ein kleines Mäuschen, welches durch die einzelnen „Käselöcher", d.h. die Reifen, krabbeln muss. Wurden alle Reifen durchkrabbelt, dann tauscht das Mäuschen mit einem anderen Kind seine Rolle.

Materialien:
Gymnastikreifen

Mitspieler:
ab sechs Personen

12. Den Kasten treffen

Materialien:
Tischtennisbälle,
breiter Materialkasten

Mitspieler:
ab einer Person

Alle Kinder erhalten einen Tischtennisball, den sie ca. 30 Zentimeter vom Materialkasten entfernt auf den Boden legen. Nun versuchen die Kinder, ihren Ball mit zielgerichtetem Pusten zum Materialkasten hin zu bewegen. Wenn der Tischtennisball den Materialkasten berührt, dann vergrößern die Kinder den Ausgangsabstand des Balls zum Materialkasten und wiederholen das Spiel.

Variante für die Älteren:
Hier verwenden die Kinder einen Kegel, der wesentlich schwieriger zu treffen ist.

13. Hören und den Ball fangen

Materialien:
Gymnastikball

Mitspieler:
ab sieben Personen

Alle Kinder verteilen sich zunächst im Raum. Dann schubst das älteste Kind den Gymnastikball mit der Hand an, sodass er weit wegrollt. Noch während der Ball rollt, ruft das Kind die Namen zweier Mitspieler. Diese müssen nun möglichst schnell auf den rollenden Ball zulaufen. Derjenige von ihnen, der den Ball als Erster berührt, hat das Spiel gewonnen und darf nun als Nächster den Ball anschubsen und zwei weitere Namen nennen.

Variante:
Die Kinder bilden einen Kreis. Ein Mitspieler stellt sich in die Kreismitte, wirft den Ball senkrecht nach oben und ruft die Namen von zwei Kindern. Die Angesprochenen müssen nun sofort in die Kreismitte laufen und versuchen, den Ball aufzufangen. Derjenige, dem dies gelingt, übernimmt als Nächster die Rolle des Werfers.

14. Die Ballgasse

Alle Kinder der Gruppe außer einem stellen sich mit dem Gesicht zueinander in zwei parallelen Reihen auf, sodass eine etwa drei Meter breite Gasse entsteht. Eine dieser Reihen erhält dann die Schaumstoffbälle. Das übrig gebliebene Kind legt sich mit seinem Bauch auf das Rollbrett und positioniert sich so vor der Gasse. Während die Kinder der einen Reihe die Bälle zu ihrem jeweiligen Gegenüber in der anderen Reihe rollen, muss der Mitspieler auf dem Brett versuchen, möglichst schnell durch die Gasse zu fahren, ohne dabei von einem der Bälle getroffen zu werden. Gelingt die Aufgabe, versucht ein anderes Kind sein Glück auf dem Rollbrett.

Materialien:
Rollbrett,
Schaumstoffbälle

Mitspieler:
ab sieben Personen

Variante:
Hier stehen die beiden Reihen nicht mit dem Gesicht, sondern mit ihren Rücken zueinander.
Dann werden die Bälle unter den Beinen hindurch zum Gegenüber gerollt. Auch hier muss das die Gasse durchfahrende Kind darauf achten, nicht von einem Ball getroffen zu werden.

15. Reagieren und in den Reifen springen

Die Kinder sitzen im Kreis und bestimmen einen Mitspieler, der sich mit dem Gymnastikreifen in die Kreismitte stellt.
Das Kind in der Kreismitte stellt den Reifen auf, versetzt ihn in eine Drehbewegung und lässt ihn dann los. Jetzt ruft es den Namen eines von ihm ausgewählten Kindes. Dieses muss nun versuchen, möglichst schnell in den immer flacher kreisenden Reifen zu springen. Gelingt ihm dies, dann darf es als Nächster den Reifen drehen.

Materialien:
Gymnastikreifen

Mitspieler:
ab drei Personen

Variante für die Jüngeren:
Das Kind, dessen Namen aufgerufen wird, läuft in die Kreismitte und wartet ab, bis der Reifen ganz auf dem Boden liegt. Danach hüpft es in den Reifen hinein und wieder heraus.

16. Anlocken und reagieren

Materialien:
weiche Rolle (beispielsweise 100 × 30 cm) oder Schaumstoffball

Mitspieler:
ab sieben Personen

Die Kinder stellen sich paarweise hintereinander in einem Doppelkreis auf. Ein Kind steht jedoch alleine ohne Partner im äußeren Kreis. Dieses Kind beginnt nun das Spiel, indem es die weiche Rolle vorsichtig zu einem Mitspieler seiner Wahl schubst.
Ähnlich wie bei dem bekannten Kinderspiel „Zublinzeln" muss dasjenige Kind im inneren Kreis, auf das die Rolle sich zubewegt, sofort reagieren und versuchen, über die Rolle hinweg auf den bisher noch freien Platz im Innenkreis zu springen. Dies wiederum versucht der Mitspieler, welcher im Außenkreis hinter dem betreffenden Kind steht, durch Festhalten zu verhindern. Gelingt jedoch die Flucht, dann muss das nun ohne seinen Vordermann im Außenkreis alleine stehende Kind einem weiteren Mitspieler zuzwinkern und ihm die Rolle zurollen.

17. Den Ball durch den Reifen führen

Materialien:
Gymnastikreifen und Gymnastikball

Mitspieler:
ab drei Personen

Zwei Kinder stellen sich gegenüber und halten mit beiden Händen einen Gymnastikreifen horizontal in der Luft. Das dritte Kind wirft nun einen Gymnastikball möglichst hoch in die Luft. Die beiden anderen Mitspieler müssen nun versuchen, den herabfallenden Ball durch den Reifen fliegen zu lassen.

18. Den Ball verfolgen

Die Kinder stellen sich im Kreis auf und halten das Rundtau mit beiden Händen fest.

Ein Mitspieler befindet sich in der Kreismitte und stößt mit beiden Händen den vor ihm liegenden Ball an. Nun kommt es darauf an, zu verhindern, dass der Ball den Kreis verlässt. Zu diesem Zweck müssen die Kinder „Fußball spielen" ohne jedoch das Seil loszulassen. Gelingt es nicht, den Ball innerhalb des Kreises zu halten, ist die Spielrunde beendet.

Materialien:
Rundtau,
Gymnastikball

Mitspieler:
ab zwölf Personen

19. Das rollende Spielfass

Die Kinder bilden zunächst Paare, die je ein Spielfass erhalten. Ein Kind aus jedem Paar beginnt nun das Spiel, indem es das Fass mit einem kräftigen Stoß wegrollt und zugleich seinem Partner mitteilt, wie dieser sich bei dem Versuch, das Spielfass anzuhalten, fortbewegen muss. Es lässt den Spielpartner dabei beispielsweise krabbeln, hüpfen oder springen. Kann das zweite Kind das Fass anhalten, bevor es von selbst stehen bleibt, dann tauschen die beiden Kinder die Rollen.

Materialien:
Spielfass aus
Kunststoff oder Ball

Mitspieler
ab zwei Personen

20. Bis zum nächsten Ziel

Zur Vorbereitung des Spiels werden die Stühle im Raum verteilt. Anschließend erhält jedes Kind einen Tennisball, den es mit seinen Füßen vor sich herrollt. Beim Ertönen des Trommelschlags bleiben die Kinder stehen und versuchen, ihre Tennisbälle unter einem nahe stehenden Stuhl zu rollen. Dieser Spielablauf wird mehrere Male wiederholt.

Materialien:
Stühle, Tennisbälle,
Handtrommel

Mitspieler:
ab einer Person

Variante für die Älteren:
Wenn der Trommelschlag erklingt, dann müssen die Kinder versuchen, mit ihren Tennisbällen ein Stuhlbein zu treffen.

21. Eine Bewegungsstunde mit Tennisringen

a. Die Experimentierphase

Materialien:
Tennisringe, Stühle,
selbst gebastelte
Kinderführerscheine

Tennisringe sind bei den Kindern sehr beliebt. Sie bestehen aus hochwertigem Plastik oder aus Gummi, haben einen Durchmesser von zirka zwölf Zentimetern und sind sehr leicht und gut zu greifen. Aufgrund der genannten Eigenschaften ergeben sich im freien Umgang mit ihnen zahlreiche Spielideen. Die Kinder können den Tennisring in der Experimentierphase beispielsweise:

– festhalten und hindurch schauen
– hochwerfen und auffangen
– im Schneidersitz über den Kopf halten und sich strecken
– wie eine „Krone" auf den Kopf spazieren tragen
– auf den Boden legen und darüber springen
– hin- und herrollen
– auf den Boden legen und abwechselnd mit den Fußspitzen in den Ring hinein- und heraussteigen
– im Sitzen mit den Füßen aufheben
– zwischen die Knie klemmen und sich so fortbewegen
– über einen Fuß hängen und durch den Raum hüpfen
– mit beiden Händen festhalten und darüber steigen
– hochwerfen und mit einem Fuß auffangen
– am Handgelenk kreiseln lassen
– auf den Rücken legen und damit durch den Raum krabbeln
– wie eine Wurfscheibe möglichst weit durch den Raum werfen usw.

Aufgabe der Experimentierphase ist es, dass die Kinder die spezifischen Eigenschaften dieses Spielgeräts kennen lernen und mit ihm umzugehen verstehen. Das selbstständige Erkunden der mit dem Tennisring verbundenen Bewegungsideen macht es den Kindern möglich, ihre eigenen Fähigkeiten auszuloten und stärkt zugleich ihr Selbstwertgefühl.

b. Das Ruhespiel – Die langsame Autofahrt

Nachdem die Kinder ausgiebig mit den Tennisringen experimentieren durften, setzen sie sich mit ihnen in den Stuhlkreis. Nun bittet die Erzieherin zwei Kinder, Autos zu spielen, die möglichst ohne „Vollgas" bzw. in Schrittgeschwindigkeit fahren und dabei einander nicht überholen sollen. Dazu stehen die beiden Kinder auf und gehen ohne zu sprechen mit ihren Tennisringen einmal um den Stuhlkreis herum. Bricht eines der Kind dabei sein Schweigen oder überholt den anderen, dann beginnt die langsame Autofahrt von vorne. Sind die beiden hingegen wieder an ihren Plätzen angelangt, dann kommen die zwei nächsten Kinder an die Reihe.

Der Zweck des Ruhespiels ist es, dass die Kinder lernen, kontrolliert ein bestimmtes Tempo einzuhalten und pantomimisch eine Spielsituation innerhalb der Gruppe darzustellen. Zudem werden hierbei Konzentrationsfähigkeit, Ausdauer, Motorik und das Selbstvertrauen gefördert.

c. Die Mitmachgeschichte – Die Kinderfahrschule

Die Kinder verteilen sich nun im Raum und benutzen ihre Tennisringe in der folgenden Mitmachgeschichte als Lenker ihrer imaginären Autos. Sind alle Kinder an ihrem Platz angelangt und ganz ruhig, dann beginnt die Erzieherin mit der Erzählung der Geschichte:

Guten Tag! Mein Name ist … (die Erzieherin nennt hier ihren Namen) und ich möchte gern wissen, wer von euch gut Autofahren kann. Seid Ihr alle bereit?

Alle Kinder rufen laut „JA!"

Dann können wir anfangen! Zunächst müssen wir unseren Sicherheitsgurt anlegen.

Die Kinder deuten pantomimisch das Anlegen des Sicherheitsgurtes an.

Wir befolgen die Anweisung. Damit wir losfahren können, drehen wir den Zündschlüssel herum und geben etwas Gas.

Die Kinder deuten das Drehen des Zündschlüssels an und ahmen dabei das Motorengeräusch nach.

Nun fahren wir langsam durch die belebte Stadt, bis wir vor uns eine rot leuchtende Ampel sehen.

Jetzt gehen die Kinder langsam im Raum umher.

Damit die Fußgänger sicher die Straße überqueren können, bremsen alle Autofahrer und halten an.

Alle halten an und warten vor der imaginären Ampel.

Nach kurzer Zeit schaltet die Ampel wieder um und leuchtet grün! Wir vergewissern uns, ob die Straße wirklich frei ist. Wenn ja, dann dürfen wir wieder langsam losfahren!

Die Kinder schauen zweimal nach rechts und nach links. Ist die Straße frei, dann gehen die „Autofahrer" wieder langsam durch den Raum.

Oh Schreck, was ist denn das? Ein Ball rollt über die Straße. Jetzt müssen wir blitzschnell reagieren und bremsen.

Alle halten sofort an.

Zum Glück ist nichts passiert. Die Kinder holen ihren Ball von der Fahrbahn und winken uns zum Dank zu. Wir winken zurück und fahren langsam weiter.

Die Kinder winken sich gegenseitig zu und gehen danach weiter langsam durch den Raum.

Nun fahren wir aus der Stadt heraus und kommen auf eine Landstraße. Hier dürfen alle Fahrzeuge etwas schneller fahren.
Alle Kinder laufen nun durch den Raum.

Wir fahren weiter, bis sich vor uns eine scharfe Rechtskurve befindet. Wir fahren langsam in die Kurve hinein und wieder heraus!
Die Kinder gehen langsam rechts im Kreis herum.

Nach der Rechtskurve folgt eine langgezogene Linkskurve. Auch in diese Kurve fahren wir langsam hinein und wieder heraus.
Die Gruppe geht langsam links im Kreis herum.

Danach geben wir wieder etwas Gas und fahren geradeaus weiter.
Nun laufen die Kinder wieder durch den Raum.

Von Ferne können wir das Ortsschild erkennen. Wir fahren langsam in die Ortschaft hinein und solange geradeaus, bis wir uns wieder auf dem Parkplatz der Fahrschule befinden.
Die „Autofahrer" gehen noch eine Weile im Raum umher und bleiben dann stehen.

Dort machen wir den Motor aus und ziehen den Zündschlüssel ab.
Pantomimisch wird das Abstellen des Motors angedeutet. Anschließend stecken die Kinder den Zündschlüssel ein.

Danach lösen wir den Sicherheitsgurt und steigen aus.
Nach dem pantomimisch angedeuteten Losschnallen legen alle ihren Tennisring auf den Boden.

Herzlichen Glückwunsch, ihr seid alle gute Autofahrer und bekommt den Führerschein!
Alle Kinder springen in die Luft und jubeln vor Freude!

d. Die Ruhephase

Zur feierlichen Übergabe des Führerscheins setzen sich die Kinder anschließend neben ihre Tennisringe auf den Boden. Die Erzieherin

gratuliert nacheinander allen Kindern und übergibt die mit dem Namen der Kinder ausgestellten Führerscheine. Hat ein Kind seinen Führerschein erhalten, dann räumt es leise seinen Tennisring auf und verlässt den Raum. Zur Erinnerung an die Fahrstunde nehmen die Kinder ihren Führerschein mit nach Hause.

Ziel der Bewegungsstunde ist es, die Ausdauerbereitschaft und Konzentrationsfähigkeit der Kinder zu fördern. Der selbst gebastelte Führerschein erinnert die Kinder auch zu Hause daran, dass sie die Fahrt erfolgreich bewältigt haben.

VI. Die eigene Batterie aufladen

Spiele, die durch Bewegung entspannen

Für die körperliche und geistige Gesunderhaltung brauchen Kinder ein ausgewogenes Gleichgewicht zwischen Ruhe und Bewegung. Diese Balance herzustellen, ist aber gerade für sie in einer Zeit, in der Hektik und Stress zunehmend den Alltag bestimmen, oftmals sehr schwer. Dadurch, dass tagsüber kaum mehr Zeit für Erholungsphasen vorhanden ist, befinden sich immer mehr Kinder in einem ständigen Spannungszustand. Das wiederum führt zu Nervosität, Unruhe und Konzentrationsstörungen. Diese Kinder sind nicht in der Lage ruhig zu sein und still zu sitzen. Ruhe und Erholung sind aber für eine gesunde körperliche und geistige Entwicklung unabdingbar. Die im folgenden Abschnitt zusammengestellten Spiele sollen den Kindern aus diesem Grund nicht nur Bewegungs-, sondern auch Ruheerlebnisse bieten. Zweck der Übungen ist es zum einen, die Konzentrations- und Wahrnehmungsfähigkeit zu stärken. Zum anderen sollen sie den Kindern aber auch helfen, Spannungen abzubauen,

Vertrauen in ihre Fähigkeiten zu entwickeln und ihren eigenen Körper bewusst wahrzunehmen. Indem die Kinder hier auf spielerische Art und Weise zur Ruhe kommen und Kraft schöpfen, können sie neue Aufgaben besser bewältigen. Zudem tragen die Spiele durch die Förderung der Gruppenharmonie dazu bei, dass sich jeder Einzelne innerhalb der Gruppe angenommen fühlt.

1. Die Federdecke

Materialien:
Federn

Mitspieler:
ab sechs Personen

Die Kinder teilen sich in zwei gleich große Gruppen auf. Während sich die erste Gruppe bequem auf den Rücken legt, holt sich die zweite Gruppe jede Menge Federn. Dann gehen die Kinder der zweiten Gruppe gemütlich im Raum spazieren und bleiben von Zeit zu Zeit vor einem der am Boden liegenden Mitspieler stehen, um die Federn auf dessen Körper schweben zu lassen. Liegen die Kinder der ersten Gruppe unter der „Federdecke", dann stehen sie über die Seitenlage auf und tauschen mit den Kindern der zweiten Gruppe die Rollen.

2. Das sanfte Weckspiel

Mitspieler:
ab fünf Personen

Alle Kinder bis auf eines sitzen mit geschlossenen Augen im Kreis auf dem Boden. Das verbliebene Kind hat nun die Aufgabe, die anderen in beliebiger Reihenfolge durch das Berühren einer bestimmten Körperstelle, etwa der Nasenspitze, zu „wecken". Spürt ein Kind, dass es an der Nasenspitze berührt wird, dann öffnet es die Augen und bleibt solange ruhig sitzen, bis alle Kinder „wach" sind.

Variante für die Älteren:
Jedes Kind wird durch Berühren an einer anderen Körperstelle geweckt. Sind alle „wach", dann beginnt das Kind, welches als Erstes geweckt wurde, das Spiel von vorne.

3. Küken behutsam wecken

Ein Kind übernimmt die Rolle der Vogelmutter, die anderen setzen sich in ihre Reifen auf den Boden und spielen so die schlafenden Küken in ihren Nestern. Nun weckt die Vogelmutter nacheinander alle Küken sanft mit einer Feder auf. Sobald ein Küken die Berührung der Feder auf dem Nacken spürt, öffnet es die Augen und reckt sich ein wenig. Langsam steht es auf und geht der Vogelmutter hinterher. Dabei macht das Küken alle Bewegungen der Vogelmutter nach. Wenn alle hinter der Vogelmutter stehen, ist das Spiel beendet.

Materialien:
Reifen, Feder

Mitspieler:
ab vier Personen

4. Die magnetische Körperstelle

Die Kinder bilden einen Stuhlkreis. Eines sitzt in der Kreismitte und überlegt sich eine Körperstelle aus „Eisen", die von einem Magneten angezogen werden kann. Danach schließt es seine Augen. Nun bestimmt die Gruppe möglichst unbemerkt einen Mitspieler, der mit dem als Magnet dienenden Stab behutsam den Körper des in der Mitte sitzenden Kindes berührt. Sobald der Stab mit der „magnetischen" Körperstelle in Kontakt kommt, öffnet das Kind seine Augen, springt wie magnetisch angezogen von seinem Stuhl auf und versucht den Mitspieler mit dem Stab zu fangen. Dieser muss seinerseits versuchen auf den jetzt freien Stuhl im Kreis zu gelangen. Ist ihm dies geglückt, werden die Rollen getauscht.

Materialien:
Stab

Mitspieler:
ab vier Personen

Anmerkung:
Vor dem Spiel sollten die Kinder die Möglichkeit haben, mit einem echten Magneten zu experimentieren. Dabei kann z.B. ausprobiert werden, welche Materialien von dem Magneten angezogen werden und welche nicht.

5. Der König geht leise im Kreis herum

Materialien:
Tennisring aus weichem Kunststoff

Mitspieler:
ab fünf Personen

Die Kinder bilden einen Kreis und setzen sich im Schneidersitz auf dem Boden. Nun wird ein Kind bestimmt, das den König, bzw. die Königin spielt. Das ausgewählte Kind setzt sich die Krone, d.h. den Tennisring auf den Kopf und geht dann leise im Kreis herum, bis es vor einem von ihm ausgewählten Mitspieler stehen bleibt. Nun neigt es seinen Kopf so weit, bis die Krone in den Schoß des Mitspielers fällt. Dieser löst daraufhin das andere Kind als König bzw. Königin ab.

6. Die Murmel in der Schale

Materialien:
Murmel,
Eintopfschale,
Triangel

Mitspieler:
ab einer Person

Die Kinder stehen im Kreis und halten ihre Schale, in der sich je eine Murmel befindet, mit beiden Händen fest. Dann beginnen sie, durch langsames und gleichmäßiges Bewegen die Murmel in der Schale im Kreis herum laufen zu lassen. Beherrschen die Kinder diese Kreisbewegung, dann hebt die in der Mitte des Kreises stehende Erzieherin ihre Arme in die Höhe. Dies ist das Zeichen für die Kinder, das Tempo solange zu steigern, bis sich die Murmel am Schalenrand entlang bewegt. Bei diesem Spiel kommt es vor allem darauf an, gleichmäßige Kreisbewegungen auszuführen, um zu verhindern, dass die Murmel aus der Schale springt. Erst wenn die Erzieherin ihre Arme wieder senkt, hören die Kinder auf, ihre Schalen zu bewegen. Sind

78

alle Murmeln in den Schalen zum Stillstand gekommen, dann beginnt das Spiel erneut.

Variante für die Älteren:
Hier bringen die Kinder ihre Murmel in einem tiefen Teller zum Kreisen und gehen dabei gleichzeitig langsam im Raum herum. Wenn die Triangel erklingt, dann bleiben die Kinder regungslos stehen und beobachten, wie ihre Murmel immer langsamer wird. Wenn alle Murmeln bewegungslos in den Tellern ruhen, wird das Spiel wiederholt.

7. Stillschweigend die Plätze tauschen

Die Kinder bilden zunächst einen Kreis. Eines setzt sich in der Mitte mit geschlossenen Augen auf den Boden. Während es aufmerksam lauscht, zwinkert die Erzieherin zwei Kindern zu, die dann möglichst geräuschlos ihre Plätze im Kreis miteinander tauschen. Das Kind in der Mitte muss nun versuchen, mit seinem Gehör einen der Vorbeigehenden zu orten und die Richtung anzuzeigen, in die dieser sich bewegt. Gelingt ihm dies, dann öffnet es seine Augen und bestimmt einen weiteren Mitspieler, der sich für die nächste Runde des Spiels in die Kreismitte begibt.

Mitspieler:
ab sieben Personen

Variante für die Jüngeren:
Hier zwinkert die Erzieherin einem Kind zu, welches daraufhin einmal an der Innenseite des Kreises herum geht. Glaubt das Kind in der Kreismitte etwas zu hören, so deutet es auf das im Kreis herumgehende Kind.

8. Der Schneemann und die Sonne

Mitspieler:
ab zwei Personen

Die Kinder bilden zunächst Paare. Dann stellen sich die Spielpartner mit dem Gesicht zueinander auf, und zwar so, dass die Entfernung zwischen ihnen jeweils zehn Schritte beträgt. Ein Kind aus jedem Paar spielt nun den Schneemann und macht sich möglichst groß und breit. Der andere übernimmt die Rolle der Sonne, welche langsam den Schneemann zum Schmelzen bringt. Während der Schneemann an seinem Platz stehen bleiben muss, bewegt sich die Sonne langsam auf ihn zu. Mit jedem Schritt wird die Sonne dabei wärmer und der Schneemann kleiner und schmäler. Wenn sich die Sonne direkt vor dem Schneemann befindet, dann ist dieser ganz zerschmolzen, was das betreffende Kind dadurch andeutet, dass es sich auf den Boden legt. Nach Beendigung eines Spieldurchgangs tauschen die Spielpartner die Rollen.

Variante:
Wenn der Schneemann zerschmolzen auf dem Boden liegt, dann geht die Sonne langsam wieder an ihren Ausgangsort zurück, während der Schneemann gleichzeitig wieder seine ursprüngliche Statur zurückgewinnt.

9. Der Steinkönig

Mitspieler:
ab zwei Personen

Alle Kinder gehen im Raum umher, bis die Erzieherin „Stopp!" ruft. Auf dieses Zeichen hin erstarren die Kinder sofort in der eben von ihnen ausgeführten Bewegung. Sie bleiben dann solange schweigend und wie versteinert stehen, bis sich ein Kind bewegt oder das Schweigen bricht. Diejenigen, die am längsten durchhalten, werden zum Steinkönig, bzw. zur Steinkönigin ernannt.

Variante:
Die Kinder tanzen paarweise im Raum umher, bis die Musik stoppt. Das Paar, das am längsten regungslos stehen bleiben kann, wird zum „Steinkönigspaar" gekrönt.

10. Das leise Begrüßungsspiel

Die Kinder bilden einen Stuhlkreis. Ein Kind, das keinen Platz hat, geht darin herum und gibt nacheinander allen die Hand, bis es sich irgendwann vor einem von ihm ausgewählten Mitspieler verneigt. Nun müssen alle Kinder, auch das in der Mitte befindliche, versuchen, ihre Plätze zu wechseln bzw. einen Sitzplatz zu ergattern. Der Mitspieler, der keinen Platz finden konnte, beginnt das Begrüßungsspiel von neuem.

Mitspieler:
ab fünf Personen

11. Schiffschaukel

Jeweils zwei Kinder stehen einander gegenüber und geben sich die Hände. Dann stellen sie sich vor, in einer Schiffschaukel zu sitzen. Die Füße werden etwa hüftbreit auseinander gestellt und die Beine federn locker in den Knien, damit ein fester Stand gewährleistet ist. Der Oberkörper bleibt gerade. Nun beginnt ein Kind aus jedem Paar das Spiel, indem es kräftig einatmet und möglichst doppelt solange wieder ausatmet. Parallel zum Ausatmen geht es langsam in die Hocke. Das zweite Kind bleibt inzwischen stehen und wartet ab, bis sein Spielpartner sich langsam wieder erhebt und dabei einatmet. Dann ist es selbst an der Reihe, in der beschriebenen Art in die Hocke zu gehen und wieder aufzustehen. Wenn sich die Kinder auf diese Art schwungvoll auf und nieder bewegen, wird das Tempo reduziert, bis die Schiffschaukel regungslos stehen bleibt. Danach findet ein Erfahrungsaustausch in der Gruppe statt: Fragen, die dabei ange-

Mitspieler:
ab zwei Personen

sprochen werden können, sind z.B.: „Wie muss ich stehen, damit ich besonders gut ein- und ausatmen kann?" „Wie kann das Atemvolumen gesteigert werden?"

12. Gewichtheben

Mitspieler:
ab einer Person

Bei diesem Spiel ahmen die Kinder die schwerathletische Sportart des Gewichthebens pantomimisch nach. Dazu stellen sie zunächst die Füße etwa hüftbreit auseinander, federn locker in den Knien und halten den Oberkörper gerade, sodass ein „fester" Stand gewährleistet ist. Um Kraft zu schöpfen, atmen die Kinder tief ein und langsam wieder aus. Danach neigen sie ihren Oberkörper etwas nach vorne und greifen mit beiden Händen das imaginäre Gewicht, das vor ihnen liegt. Die Kinder spannen ihre Muskeln an und heben das Gewicht bis zum Bauch. Langsam gehen sie dann in die Hocke und stoßen es bis zur Höhe des Kinns. Mit letzter Kraft stehen die Kinder auf und heben das Gewicht über ihren Kopf. In dieser Position bleiben sie einen Augenblick stehen. Danach wird das Gewicht wieder auf der Erde abgesetzt.

13. Hören und stehen bleiben

Mitspieler:
ab drei Personen

Die Gruppe geht langsam im Raum spazieren, bis die Erzieherin den Namen eines Kindes flüstert. Hört das betreffende Kind seinen Namen, bleibt es mitten in der eben ausgeführten Bewegung stehen und wartet ab, bis die Erzieherin einen weiteren Namen flüstert. Während das erste Kinder jetzt wieder weitergehen darf, bleibt das zweitgenannte regungslos stehen, und zwar solange, bis die Erzieherin den nächsten Namen leise ausspricht. In dieser Art und Weise werden alle Kinder einmal oder öfter bei ihren Namen gerufen.

Variante für die Älteren:

Die Erzieherin flüstert nicht den Namen, sondern beschreibt das Aussehen des Kindes, welches stehen bleiben muss.

14. Das wortlose Kontaktspiel

Die Kinder bilden zunächst einen Innen- und einen Außenkreis. Dabei stehen die Kinder des Innenkreises mit ihren Gesichtern den Mitspielern im äußeren Kreis zugewandt. Sobald alle Kinder leise sind, erhalten sie eine Anweisung, beispielsweise, sich gegenseitig die Hände zu schütteln. Erklingt die Triangel, dann gehen die Kinder im Innenkreis um eine Person nach rechts weiter und geben dann ihrem neuen Gegenüber ebenfalls die Hand. Dieser Vorgang wird solange wiederholt, bis sich die Kinder des Innenkreises wieder ihrem ersten Partner gegenüberstehen.

In der nächsten Runde erhalten die Kinder eine andere Aufgabe, so etwa die Aufforderung, die Nasenspitze des Partners zu berühren. Wenn die Triangel erklingt, gehen jedoch die Kinder des Außenkreises um eine Person weiter nach rechts, während die Kinder des Innenkreises stehen bleiben.

Material:
Triangel

Mitspieler:
ab sechs Personen

15. Aufgepasst und weggerannt!

Die Kinder bilden einen Kreis. Ein in der Mitte stehendes Kind ruft den Namen eines Mitspielers auf. Dieser muss nun so schnell wie möglich in die Kreismitte laufen. Sein linker und rechter Nachbar im Kreis versuchen hingegen, die Flucht zu verhindern, indem sie ihn an den Schultern berühren. Gelingt es dem Kind, in die Kreismitte zu entkommen, dann tauscht es mit dem Mitspieler den Platz und darf nun seinerseits ein weiteres Kind aufrufen.

Mitspieler:
ab zwölf Personen

16. Bewegungsringe

Materialien:
Gymnastikreifen

Mitspieler:
ab fünf Personen

Bis auf ein Kind erhalten alle einen Gymnastikreifen und legen ihn auf dem Boden aus. Danach verteilen sie sich im Raum und warten ab, bis der verbliebene Mitspieler ohne eigenen Reifen in einen der anderen hineinspringt. Nun muss der jeweilige Besitzer dieses Reifens sofort reagieren und solange um seinen Reifen herumgehen, bis der „Springer" diesen wieder verlässt. Dann darf der Besitzer des Reifens wieder zu seinem Ausgangsplatz zurückkehren. Der „Springer" sucht sich mittlerweile einen neuen Reifen zum Hineinspringen aus, dessen Besitzer dann wieder auf die eben beschrieben Weise reagieren muss. Erst wenn der „Springer" zweimal den gleichen Reifen besetzt, tauscht er mit dessen Besitzer die Rollen.

17. Päckchen abschicken

Materialien:
Körbe, Pinsel,
Tennisball, Igelball,
leere Küchenrolle

Mitspieler:
ab vier Personen

Alle Kinder setzen sich hintereinander in eine Reihe. Sie halten Körbe in Händen, die jeweils mit einem Pinsel, einem Tennisball, einem Igelball und einer leeren Küchenrolle gefüllt sind. Während des folgenden Spiels dürfen die Kinder weder miteinander sprechen noch sich umdrehen.

Nun holt der letzte Mitspieler in der Reihe einen der vier Gegenstände aus seinem Korb und massiert damit sanft den Rücken des Vordermannes. Ähnlich wie bei dem bekannten Spiel „Stille Post", holt dann das Kind, dem gerade der Rücken massiert wurde, den seinem Gefühl nach gleichen Gegenstand aus seinem Schälchen heraus und massiert damit wiederum seinen Vordermann. Dieser Vorgang wird bis zum vorderen Ende der Reihe wiederholt. Wenn das „Päckchen" auf diese Weise den vorne sitzenden Mitspieler erreicht hat, überprüfen die Kinder, ob der Gegenstand in den Händen des Vordersten mit dem, des ganz hinten Sitzenden übereinstimmt.

18. Der Maschinist

Alle Kinder bis auf eines bilden einen Kreis und spielen Maschinen, die sich auf Knopfdruck unterschiedlich bewegen. Das nicht im Kreis stehende Kind übernimmt die Rolle des Maschinisten: Er schaltet die Maschinen an, indem er den Mitspielern auf die rechte Schulter tippt. Dieses Spiel erfordert von den Kinder eine hohe Konzentrationsfähigkeit, weil sie sich nicht von den Bewegungen der anderen Mitspieler ablenken lassen dürfen. Die „Maschinen" bewegen sich solange, bis der Maschinist ihre linke Schulter berührt. Auf diese Weise schaltet er die „Maschinen" im Verlauf des Spiels beliebig ein und aus.

Mitspieler:
ab drei Personen

19. Das Schaukelspiel

Die Kinder sitzen auf dem Boden und warten, bis ein zuvor ausgewählter Mitspieler behutsam ihren Kopf streichelt. Spürt ein Kind die sanfte Berührung auf seinem Kopf, dann legt es sich auf den Rücken, zieht die Knie zur Brust hin an und umfasst sie mit den beiden Händen. Durch diese Haltung entsteht ein gewölbter Rücken, der eine Schaukelbewegung möglich macht. Der umhergehenden Mitspieler ist nun dafür verantwortlich, dass die Schaukelbewegung der Kinder nicht zum Stillstand kommt, indem er die schaukelnden Kinder mit beiden Händen immer wieder leicht am Rücken anstößt. Vergisst er dies bei einem Kind, sodass dieses zum Stillstand kommt, dann muss er mit diesem die Rollen tauschen.

Mitspieler:
ab drei Personen

20. Die ruhige Ballonfahrt

Materialien:
Gymnastikreifen

Mitspieler:
ab einer Person

Die Kinder sitzen verteilt im Raum in ihren Gymnastikreifen und stellen sich vor, dass sie sich in einem Ballon befinden, der langsam in die Höhe steigt und auch etwas gesteuert werden kann. Dazu stehen sie zunächst extrem langsam auf und heben ihren Reifen behutsam über den Kopf. Dann bewegen sie sich im Zeitlupentempo mit den Reifen durch den Raum. Zum Ende der Ballonfahrt bleiben sie stehen und setzen sich langsam wieder in ihren Reifen hinein.

Variante für die Jüngeren:
Die Kinder machen die Bewegungen der Erzieherin nach, die ebenfalls auf die beschriebene Art und Weise einen Ballon spielt.

21. Bewegungsstunde mit Igelbällen

a. Die Experimentierphase

Materialien:
Igelbälle, Decken oder Isomatten, kurzes Meditationsstück zum Thema „Frühling", Kassettenrekorder oder CD-Player

Der Igel-Massageball ist ein griffiger, elastischer Noppenball, der einen Durchmesser von zirka sechs bis zehn Zentimetern hat. Er ist im Therapie- und Spielbereich vielseitig einsetzbar, denn er regt nicht nur die Sinneswahrnehmung an, sondern eignet sich auch zur Reflexzonen-Massage, zur Förderung der Durchblutung, sowie für Finger- und Greifübungen. Aufgrund seiner stacheligen Oberfläche ist er für die Kinder zum Anfassen und zum Spielen besonders reizvoll. Mit ihm können allein oder in der Gruppe zahlreiche Bewegungsübungen erprobt werden. Die Kinder können den Igelball in der Experimentierphase beispielsweise

– auf die flache Hand legen und betrachten
– mit den Fingerspitzen abtasten
– zur Selbstmassage benutzen

– auf dem Handrücken balancieren

– durch den Raum rollen

– hochwerfen und auffangen

– in den Händen verstecken

– mit den Füßen abrollen

– mit den Händen kreisförmig bewegen

– auf den Boden legen und darüber springen

– mit beiden Händen kneten

– im Sitzen um den eigenen Körper rollen lassen

– zwischen die Knie drücken und damit hüpfen

– mit dem Rücken gegen die Wand pressen etc.

Ziel der Experimentierphase mit dem Igelball ist die Förderung der körperlichen Geschicklichkeit und der Erfindungsfreudigkeit. Die Erzieherin kann die Kinder in der Experimentierphase immer wieder dazu ermuntern, eigene Spielideen vorzustellen, welche die ganze Gruppe dann nachahmen kann.

b. Das Ruhespiel – Leise, leise geht der Igelball auf eine kleine Reise

Die Kinder setzen sich zum anschließenden Ruhespiel in den Stuhlkreis. Nun übergibt die Erzieherin einem Kind den Igelball. Während der Ball im Kreis weitergereicht wird, spricht die Erzieherin langsam folgenden Satz: „Leise, leise geht der Igelball auf eine kleine Reise!" Wenn der Satz zu Ende ist, darf der Igelball nicht mehr weitergegeben werden. Das Kind, welches den Ball gerade hält, muss diesen jetzt abtasten und dabei versuchen, eine seiner Eigenschaften zu benennen. Spricht die Erzieherin den Satz erneut, setzt der Ball seine Reise fort. Ist der Satz zu Ende, dann ist – wie zuvor – das Kind, bei dem der Ball sich gerade befindet, an der Reihe, diesen abzutasten und dabei eine weitere Eigenschaft herauszufinden. Das Spiel ist beendet, wenn ein Kind keine weiteren Eigenschaften mehr

benennen kann. Anschließend stellt die Erzieherin u.a. folgende Fragen:

„Wie fühlt sich der Igelball in den Händen an?"

„Wo haben euch die Noppen des Igelballs gekitzelt?"

„Welches Tier sieht so ähnlich aus wie der Ball?"

„Warum rollt sich ein Igel ein?"

Die Aufgabe dieses Ruhespiels ist es, die Konzentration der Kinder zu fördern und ihren Wortschatz zu erweitern. Beim Abtasten des Balls wird zudem die Feinmotorik geschult. Das Ruhespiel stimmt die Kinder außerdem spielerisch auf die nachfolgende Mitmachgeschichte ein.

c. Die Mitmachgeschichte – Die Reise des kleinen Igelchens

Für die nachfolgende Mitmachgeschichte benötigen die Kinder ihre Igelbälle, welche sie behutsam mit ihren Füßen auf dem Boden bewegen:

Es ist Herbst und das kleine Igelchen schlurft durch unseren Garten und sucht nach Futter.

Die Kinder bewegen ihren Igelball behutsam mit den Fußsohlen durch den Raum.

Im Garten entdeckt es Schnecken, Regenwürmer und Äpfel, die es sehr gerne verspeist.

Ab und zu halten die Kinder an und lassen einen Fuß auf ihrem Igelball ruhen.

Wenn du ganz still bist, kannst du das kleine Igelchen schmatzen hören.

Die Kinder ahmen die Schmatzgeräusche nach.

Satt und rund vom vielen Fressen macht sich das kleine Igelchen auf die Suche nach einem geschützten Versteck, in dem es seinen Winterschlaf halten kann.

Die Kinder bewegen ihren Igelball erneut kreuz und quer durch den Raum.

Unterwegs begegnen ihm auch andere kleine Igelchen, die sich ebenfalls einen geeigneten Schlafplatz zum Überwintern suchen.

Begegnen sich zwei Kinder, so bewegen sie ihre Igelbälle mit den Fußsohlen aufeinander zu. Danach rollt jedes Kind seinen Igelball weiter durch den Raum.

Nach einer Weile befindet sich das kleine Igelchen vor einem Waldstück. Die bunten Blätter der Bäume sehen wunderschön aus.

Alle Kinder bewegen ihren Igelball mit den Fußspitzen extrem langsam im Raum umher.

Überwältigt von den Farben der Blätter, geht das kleine Igelchen am Waldrand entlang, bis es einen Fuchs beobachtet, der aus dem Wald schleicht. Das kleine Igelchen spürt die Gefahr und bleibt stehen. Dabei rollt es sich zu einer Kugel ein.

Nun bleiben die Kinder stehen und bewegen den Igelball mit dem rechten Fuß im Kreis herum.

Zum Glück hat der Fuchs keinen Hunger und geht achtlos an der stacheligen Kugel vorbei. Erleichtert, dass die Gefahr vorüber ist, setzt das kleine Igelchen die Suche nach einem geeigneten Unterschlupf fort. Dabei spürt es, wie der frische Herbstwind um seine Nasenspitze streicht.

Alle Kinder bewegen ihren Igelball erneut langsam durch den Raum.

Kurze Zeit später, entdeckt es hinter einem Gebüsch einen verlassenen Erdbau, der sich hervorragend zum Überwintern eignet.

Die Kinder bleiben stehen und lassen ihren linken Fuß auf dem Igelball ruhen.

Voller Freude polstert das kleine Igelchen sein Lager mit Laub, Moos und Gras aus.

Nun bewegen die Kinder ihren linken Fuß kreisförmig auf dem Igelball.

In seinem warmen, dicht umschlossenen Nest fühlt sich das kleine Igelchen sehr wohl und schläft ein. Sein Atem geht ein und aus, ein und aus. Das kleine Igelchen atmet ganz ruhig und gleichmäßig und ganz von alleine.

Während der linke Fuß auf dem Igelball ruht, atmen die Kinder ruhig ein und aus.

Langsam schweben die ersten weißen Schneeflocken vom Himmel herab und kündigen die Winterzeit an.

Mit den Fingern ahmen die Kinder nun die ersten Schneeflocken nach, die auf die Erde herabtanzen.

Im frostsicheren Versteck träumt das kleine Igelchen davon, wie die Natur im Frühling erwacht. Dabei riecht es den Duft der Wiesenblumen und hört den Gesang der Vögel.

Wenn Du ganz leise am Versteck vorübergehst, kannst Du das kleine Igelchen schnarchen und dabei vom Frühling träumen hören.

Alle Kinder ahmen die leisen Schnarchgeräusche des Igelchens nach.

c. Die Ruhephase

In der nun folgenden Ruhephase legen sich die Kinder neben ihren Igelball auf eine Decke und schließen die Augen. Auf diese Weise spielen sie einen schlafenden Igel, der vom Frühling träumt.

Dazu wird ein ruhiges, instrumentales Musikstück mit Vogelgezwitscher aufgelegt.

Ist das kurze Musikstück beendet, bittet die Erzieherin die Kinder, langsam wieder zu erwachen und „in den Raum zurückzukehren". Sie zählt bis drei, und die Kinder öffnen die Augen. Dann machen sie eine Faust und spannen ihre Arme an. Schließlich stehen sie langsam über die Seitenlage wieder auf. Sind alle wieder munter, dann dürfen

sie nacheinander berichten, wie sie sich fühlen. Dabei können die Kinder der Gruppe auch von ihrem „Frühlingstraum" erzählen.

Die ruhige Musik während dieser Phase soll die Fantasie der Kinder anregen und sie gleichzeitig nach der Mitmachgeschichte wieder zur Ruhe kommen lassen. Dabei lernen sie, sich zu entspannen und für einen bestimmten Zeitraum leise zu sein. In der Diskussion am Ende der Ruhephase können die Kinder zudem ihre Gefühle äußern und dabei einander zuhören.

VII. Musik liegt in der Luft

Spiele mit Musik, Klang und Geräuschen

Kinder bewegen sich gerne zur Musik durch den Raum. Sich im Takt eines fetzigen Musikstücks zu bewegen macht nicht nur Spaß, sondern schult auch das Rhythmusgefühl und die körperliche Ausdrucksfähigkeit. Da der Rhythmus der im Gruppenspiel eingesetzten Musik das Tempo für die Bewegungsabläufe vorgibt, müssen die Musikstücke entsprechend dem Charakter der jeweiligen Bewegungsübung sorgfältig ausgewählt werden. Für einen Zeitlupentanz muss beispielsweise ein ruhiges Musikstück eingesetzt werden, welches die Kinder zu langsamen Bewegungsabläufen animiert.

Bei den im folgenden Abschnitt zusammengestellten Spielen bewegen sich die Kinder zu verschiedenen Musikstücken, aber auch zu Klängen und Geräuschen. Während die Tanzspiele hauptsächlich für eine gute Stimmung sorgen, schulen die Spiele mit Klängen und Geräuschen die Konzentrationsfähigkeit und das Reaktionsvermö-

gen. Hier werden einfache Instrumente oder Summtöne eingesetzt, wodurch die Kinder lernen, hohe und tiefe, leise und laute Töne zu differenzieren. Dies fördert die Entwicklung ihres Gehörs. Dadurch, dass sämtlichen Spiele auch eine Bewegungskomponente haben, helfen sie den Kindern überdies, Unsicherheiten zu überwinden und aufeinander zuzugehen.

1. Glöckchenlauf

Die Kinder stellen sich mit dem Rücken zur Wand in eine Reihe und schließen die Augen.

Wenn alle ganz still sind, lässt die Erzieherin vom anderen Ende des Raumes her verschiedene Instrumente erklingen. Jedesmal, wenn die Kinder glauben, das Glöckchen gehört zu haben, machen sie einen Schritt nach vorne. Glauben sie hingegen, eines der anderen Instrumente zu erkennen, dann bleiben sie stehen. Nach jedem Instrument öffnen sie die Augen und prüfen nach, welches tatsächlich gespielt worden ist. Hat ein Kind das falsche Instrument geraten, so geht es wieder einen Schritt zurück. Die Spielrunde ist beendet, wenn alle Kinder die Erzieherin erreicht haben.

Materialien:
Glöckchen, Triangel, Handtrommel, Rassel etc.

Mitspieler:
ab drei Personen

2. Wunderkerzen-Tüchertanz

Ein Kind sitzt auf dem Boden und hält eine brennende Wunderkerze in der Hand. Ein weiteres tanzt in einem sicheren Abstand langsam um das sitzende Kind herum und bewegt dabei sein Tuch zur Musik, bis die Wunderkerze in den Händen des sitzenden Kindes erlischt. Danach wechseln die Kinder ihre Rollen und wiederholen den Wunderkerzen-Tüchertanz. Für eine behagliche Atmosphäre empfiehlt es sich, den Raum etwas abzudunkeln.

Materialien:
Wunderkerzen, Gymnastik-Chiffontuch, getragene Musik

Mitspieler:
ab zwei Personen

3. Die Lautstärke unterscheiden

Materialien:
U-Musik

Mitspieler:
ab einer Person

Die Kinder klatschen oder stampfen im Rhythmus der Musik. Jedesmal, wenn die Lautstärke der Musik etwas erhöht wird, müssen auch die Kinder lauter klatschen oder stampfen.

Wird die Musik dagegen leiser, dann klatschen oder stampfen auch die Kinder schwächer.

Stoppt die Musik ganz, dann bleiben die Kinder regungslos stehen und warten ab, bis sie erneut einsetzt. Das Wahrnehmen der Lautstärkenveränderung in diesem Spiel fordert die Aufmerksamkeit und das Konzentrationsvermögen der Kinder.

Variante:
Die Erzieherin klopft abwechselnd laut oder leise auf der Handtrommel. Die Kinder folgen der Laustärkenveränderung, indem sie entweder heftig durch den Raum stampfen oder leise schleichen.

4. Der leise Klang

Materialien:
Triangel

Mitspieler:
ab fünf Personen

Die Kinder bilden einen Kreis und schließen die Augen. Ein Mitspieler geht nun mit der Triangel in der Hand möglichst geräuschlos im Kreis herum, bleibt schließlich vor einem Kind seiner Wahl stehen und schlägt behutsam die Triangel an. Glaubt das Kind, vor dem der Mitspieler mit dem Instrument steht, die Triangel in seiner Nähe gehört zu haben, dann hebt es die Hand. Wenn der Triangelspieler die Vermutung bestätigt, dann öffnet das Kind seine Augen. Danach tauschen beide Kinder ihre Plätze.

5. Der hohe und tiefe Ton

Die Erzieherin schlägt auf dem Glockenspiel nacheinander ein hohes und tiefes C an.
Sobald die Gruppe die beiden Töne sicher voneinander unterscheiden kann, beginnen die Kinder durch den Raum zu gehen. Erklingt nun das hohe C, dann müssen sie einen Gegenstand berühren, der sich in Augenhöhe befindet. Spielt die Erzieherin hingegen das tiefe C, dann fassen die Kinder einen Gegenstand an, der auf dem Boden liegt. Wenn die Kinder mit der Übung gut vertraut sind, dann kann auch ein Kind aus der Gruppe die beiden Töne auf dem Glockenspiel vorspielen.

Materialien:
Glockenspiel

Mitspieler:
ab einer Person

6. Der Zeitlupentanz

Im Raum erklingt getragene Musik. Die Kinder tanzen dazu im Zeitlupentempo und nehmen jede Bewegung ihres Körpers bewusst wahr. Dabei spüren sie auch die beruhigende Wirkung der Musik, die sich in ihrem langsamen Bewegungsfluss wiederspiegelt.

Variante für die Jüngeren:
Die Erzieherin gibt den Kindern zur Musik passende, langsame Bewegungsabläufe vor, welche dann von der Gruppe nachgemacht werden.

Materialien:
getragene Musik

Mitspieler:
ab einer Person

7. Der summende Ball

Die Kinder setzen sich zunächst im Kreis auf den Boden. Ein Mitspieler erhält den Ball und beginnt die Übung, indem er einem Kind seiner Wahl zuzwinkert. Zwinkert dieses zurück, dann fängt der Ball-

Materialien:
Ball

Mitspieler:
ab drei Personen

inhaber zu summen an und rollt gleichzeitig seinen Ball dem betreffenden Kind zu. Wenn dieses dann den Ball in Händen hält, hört er wieder zu Summen auf. Das Spiel kann dann von dem Ballfänger in gleicher Weise fortgesetzt werden.

Variante für die Älteren:
Hier wird nicht nur ein einfacher Ton, sondern ein Vokal (a, e, i, o, u) gesummt, solange der Ball rollt.

8. Tanzende Bären und springende Mäuschen

Materialien:
Handtrommel

Mitspieler:
ab zwei Personen

Die Kinder bilden zunächst Paare, die sich an beiden Händen festhalten. Sobald die Erzieherin nun beginnt, langsam auf der Trommel zu schlagen, spielen die Paare tanzende Bären, welche sich schwerfällig von einem Bein auf das andere bewegen und sich im Kreis herumdrehen. Trommelt die Erzieherin in einem schnelleren Rhythmus, dann verwandeln sich die Kinder von Tanzbären in tanzende Mäuschen, die vergnügt im Kreis umherspringen.

Variante:
Je nachdem, welcher Rhythmus vorgegeben wird, bewegen sich die Kinder wie Frösche, Schnecken, Kängurus oder Elefanten durch den Raum.

9. Musik aus der Küche

Materialien:
Geschirr, Kochtöpfe,
Schüsseln etc.

Die Kinder stellen sich im Kreis auf und halten jeweils einen Gebrauchsgegenstand aus der Küche in den Händen. Sobald die Gruppe ganz ruhig ist, beginnt ein Kind zum Beispiel mit einem Kochlöffel auf eine Plastikschüssel zu trommeln. Zu diesem Rhyth-

mus tanzen die Kinder dann solange im Kreis herum, bis sie wieder bei ihrer Ausgangsposition angelangt sind. Danach spielt ein anderes Kind den Musiker, welches beispielsweise eine Gewürzdose als Rassel benutzt und damit die Gruppe zur Bewegung animiert. Wurden auf diese Weise alle „Kücheninstrumente" vorgestellt, ist das Spiel beendet.

Mitspieler:
ab fünf Personen

10. Der summende Bienenschwarm

Die Kinder verteilen sich im Raum und bestimmen einen Mitspieler, der eine Biene nachahmt und summend durch den Raum geht. Die anderen stehen still und mit geschlossenen Augen auf ihrer Position und warten ab, bis die „summende Biene" vor einem Kind ihrer Wahl stehen bleibt. Glaubt ein Kind zu hören, dass sich die Biene vor ihm befindet, so öffnet es die Augen. Stimmt seine Vermutung, dann gehen beide Kinder summend und Händchen haltend im Raum spazieren, bis sie vor einem weiteren Kind stehen bleiben. Auch dieses muss nun mit seinem Gehör herausfinden, ob die Bienen vor ihm stehen und darf sich dann den anderen beiden anschließen.
Der Vorgang wird solange wiederholt, bis alle Kinder als „summende Bienen", gemeinsam durch den Raum gehen, womit das Spiel beendet ist.

Mitspieler:
ab fünf Personen

11. Der Klangbaum

Die Kinder bilden zunächst Paare. Während ein Kind aus jedem Paar den Baum spielt und mit seinen Armen die Äste darstellt, steht sein Partner vor dem Baum. Nun stellen sich die Kinder vor, dass an dem Baum statt Früchten hohe Töne hängen. Um diese „ernten" zu können, muss der zweite Spielpartner allerdings warten, bis die Erzie-

Materialien:
Glockenspiel oder helles Metallophon

Mitspieler:
ab zwei Personen

herin auf dem Glockenspiel hohe Töne anschlägt. Wenn das Kind die hohen Töne hört, dann stellt es pantomimisch dar, wie es diese vom Baum pflückt.

Variante für die Älteren:

Auf dem Glockenspiel werden nicht nur hohe, sondern auch tiefe Töne gespielt. Erklingt ein solcher tiefer Ton, dann stellen die Kinder pantomimisch dar, wie sie diesen vom Boden aufheben. Bei hohen Tönen verfahren sie hingegen wie oben beschrieben.

12. Der Tanz um die Matte

Materialien:
Weichbodenmatte,
Handtrommel

Mitspieler:
ab drei Personen

Die Kinder bewegen sich zum Spiel der Trommel um die Matte herum. Verstummt die Trommel, müssen sie so schnell wie möglich auf die Matte springen. Derjenige, der als Erster auf der Matte sitzt, erhält nun die Trommel und spielt einen neuen Rhythmus für den nächsten Durchgang des Spiels.

Variante für die Jüngeren:

Die Kinder bewegen sich nach der Art eines von ihnen ausgesuchten Tieres um die Mattc hcrum. Auch hier müssen sie möglichst schnell auf die Matte springen, wenn der Trommelschlag ertönt.

13. Tanzpartner gesucht

Die Kinder bilden Paare und holen sich je einen Gymnastikreifen, der auf den Boden gelegt wird. Nun stellen sich die Paare in den Reifen hinein und begrüßen sich. Wenn die Musik erklingt, fangen sie an, vergnügt in ihrem Reifen herumzutanzen. Verstummt die Musik, dann verabschieden sich die Paare wieder voneinander und die Kinder suchen sich in einem anderen Reifen einen neuen Tanzpartner. Danach folgt wieder eine Begrüßung und beim Erklingen der Musik ein neuerlicher Tanz. Auf diese Weise werden beliebig viele Runden gespielt.

Materialien:
Musik,
Gymnastikreifen

Mitspieler:
ab sechs Personen

14. Summen oder brummen

Nachdem die Kinder einen Kreis gebildet haben, stellt sich die Erzieherin mit einem Chiffontuch in die Mitte. Sobald sie das Tuch in die Luft wirft, spielen die Kinder summende Bienen und laufen im Raum herum. Wenn die Erzieherin ihr Tuch wieder auffängt, dann verstummt das Summen. Wenn sie das Tuch hingegen zur Erde fallen lässt, dann spielen die übrigen Kinder große Bären, die möglichst tief brummen und schwerfällig durch den Raum tapsen.

Materialien:
Chiffontuch

Mitspieler:
ab drei Personen

Variante:
Hier erhält jedes Kind ein Chiffontuch. Wenn die Triangel erklingt, dann werfen die Kinder ihre Tücher in die Luft. Ist hingegen ein kräftiger Trommelschlag zu hören, dann lassen die Kinder ihre Tücher auf die Erde schweben.

15. Trommeln und sich bewegen

Materialien:
Handtrommel

Mitspieler:
ab drei Personen

Alle Kinder bis auf eines bilden einen Kreis. Das übrig gebliebene Kind stellt sich in die Mitte des Kreises, schlägt die Trommel und zwinkert dabei einem von ihm ausgesuchten Mitspieler zu. Der Mitspieler muss nun bei jedem Trommelschlag ein bestimmtes Körperteil, wie etwa den Kopf oder die Schultern, bewegen.
Die restliche Gruppe macht alle Bewegungen solange nach, bis die Trommel verstummt. Danach erhält ein anderes Kind die Trommel und eröffnet damit eine neue Spielrunde.

16. Auf die „C-Dur Tonleiter" klettern

Materialien:
Sprossenwand oder Leiter, Glockenspiel

Mitspieler:
ab einer Person

Die Kinder stehen vor einer Sprossenwand. Erklingt das tiefe C, steigen die Kinder eine Sprosse hoch und bleiben dort stehen. Wenn das D zu hören ist, steigen sie auf die nächste Sprosse. Nacheinander erklingen auch die Töne E, F, G, A, H und C, wobei die Kinder Sprosse für Sprosse höher steigen. Stehen sie schließlich auf der achten Sprosse, dann wird die C-Dur Tonleiter in umgekehrter Reihenfolge gespielt. Mit jedem Ton klettern die Kinder wieder eine Sprosse zurück, bis sie schließlich beim tiefen C wieder auf der ersten Sprosse stehen.

Variante für die Älteren:
Hier werden die Töne der Tonleiter in beliebiger Reihenfolge gespielt, und die Kinder müssen auf die entsprechende Sprosse an der Sprossenwand klettern. Stehen die Kinder auf der richtigen Sprosse, dann erklingt ein neuer Ton.

17. Der klangvolle Memorytanz

Die Kinder bilden zunächst Paare. Diese holen sich je zwei Filmdosen, welche mit dem gleichen Inhalt, z.B. Murmeln, Reis, Sand etc., gefüllt werden. Als nächstes werden die Dosen auf einem Tisch abgelegt. Erklingt nun Musik, dann holt sich jedes Kinder eine Filmdose und tanzt im Raum umher. Wenn die Musik stoppt, müssen sich die Paare zusammenfinden, deren Dosen den gleichen Inhalt haben. Zu diesem Zweck gehen die Kinder durch den Raum und schütteln ihre Dosen. Haben sich alle Paare gefunden, legen die Kinder ihre Dosen auf den Tisch zurück. Mit dem erneuten Einsetzen der Musik startet eine weitere Spielrunde.

Materialien:
U-Musik, schwarze Filmdosen mit gleichem Inhalt

Mitspieler:
ab acht Personen

18. Musik und Gefühle

Alle Kinder gehen im Raum spazieren, bis ein Musikstück erklingt. Die Kinder lauschen aufmerksam der Musik und überlegen, welche Gefühle sie mit ihr verbinden. Diese werden dann durch Mimik, Körperhaltung und Bewegung ausgedrückt. Hören die Kinder beispielsweise ein trauriges Musikstück, dann gehen sie mit gesenktem Kopf durch den Raum und verdeutlichen ihre traurige Stimmung. Ist die Musik hingegen fröhlich, dann springen die Kinder lachend und vergnügt durch den Raum und suchen sich einen Partner, den sie vor lauter Freude umarmen.

Materialien:
ernste und heitere Musik

Mitspieler:
ab einer Person

19. Das Tanzkarussell

Die Kinder bilden Paare, welche sich mit den Gesichtern zueinander aufstellen. Nun überkreuzen sie ihre Arme und geben so dem Partner die Hände. Wenn die Erzieherin langsam auf dem Schellentam-

Materialien:
Schellentamburin

Mitspieler:
ab zwei Personen

burin zu spielen beginnt, gehen die Kinder zunächst langsam im Kreis herum. Sobald die Musik schneller wird, erhöhen auch sie ihr Tempo. Wird die Musik wieder langsamer, dann reduzieren auch die Kinder ihre Geschwindigkeit. Schließlich hält das Karussell mit dem Aufhören der Musik ganz an und die Kinder suchen sich einen neuen Partner.

Variante für die Jüngeren:
Die Kinder stehen im Kreis und reichen sich über Kreuz die Hände. Erklingt das Schellentamburin, dann tanzen die Kinder im Kreis herum. Verstummt es, dann bleiben auch die Kinder stehen.

20. Die musikalische Begegnung

Materialien:
Glöckchen

Mitspieler:
ab vier Personen

Die Kinder verteilen sich im Raum und warten, bis sie ein Glöckchen hören. Nun schauen sich alle Kinder im Raum um und stellen zu einem Mitspieler Blickkontakt her. Haben sich so zwei Kinder gefunden, dann gehen sie einen Schritt aufeinander zu. Danach bleiben sie stehen und warten ab, bis das Glöckchen erneut erklingt. Dies ist das Zeichen, einen weiteren Schritt aufeinander zuzugehen. Der Vorgang wird solange wiederholt, bis sich alle Paare umarmen können.

21. Bewegungsstunde mit Musik

Materialien:
Handtrommel,
Gymnastikreifen,
gleichfarbige
Chiffontücher

a. die Experimentierphase
Kinder bewegen sich gerne im Rhythmus. Spielt die Erzieherin auf der Handtrommel, dann können die Kinder hierzu eine Vielzahl von Ideen entwickeln, die sie durch die Art ihrer Bewegungen zum Ausdruck bringen. Je nachdem, ob die Erzieherin schnell, langsam oder

auch in einem bestimmten Takt trommelt, können die Kinder in der Experimentierphase spontan durch den Raum:

- schleichen
- gehen
- krabbeln
- hüpfen
- springen
- stampfen
- laufen
- auf den Zehenspitzen gehen
- auf den Fersen gehen
- seitwärts gehen
- mit durchgedrückten Knien gehen
- galoppieren
- marschieren
- in Zeitlupe gehen
- rückwärts gehen usw.

Ziel der Experimentierphase ist es, das Taktgefühl und die Fantasie der Kinder zu fördern. Dadurch, dass die Kinder zum Spiel der Handtrommel ihre Fortbewegungsarten frei wählen, wird ihre Kreativität und Selbstständigkeit geschult und zugleich die körperliche Geschicklichkeit trainiert. Die Erzieherin kann dabei auch beobachten, wie die einzelnen Kinder ihre Aufgabe erfüllen und den Raum nutzen.

b. Das Ruhespiel – Bis die Trommel verstummt

Beim anschließenden Ruhespiel setzen sich die Kinder in ihren Gymnastikreifen im Kreis auf den Boden und schließen die Augen. Nun trommelt die Erzieherin leise einen beliebigen Rhythmus und geht dabei möglichst geräuschlos im Kreis herum, bis sie vor einem Kind

ihrer Wahl stehen bleibt. Glaubt das Kind zu hören, dass sich die Erzieherin direkt vor ihm befindet, dann hebt es die Hand. Bestätigt die Erzieherin die Vermutung des Kindes, dann öffnet es die Augen und tauscht mit der Erzieherin seinen Platz. Nun überlegt sich das Kind einen neuen Rhythmus und beginnt das Spiel von neuem.

Zweck des Ruhespiels ist es, die Aufmerksamkeit der Kinder und ihren Gehörsinn zu schulen.

c. Die Mitmachgeschichte –
Die Indianer gehen zum Fische fangen

Viele Kinder lieben Geschichten aus der Zeit des Wilden Westens und spielen deshalb gerne Cowboy und Indianer. Damit sich alle Kinder einem Stamm zugehörig fühlen, teilt die Erzieherin zu Beginn der sich jetzt anschließenden Mitmachgeschichte gleich farbige Chiffontücher aus, welche von den Kindern als Stirnband benutzt werden. Danach bittet die Erzieherin alle Indianer, sich in ihren Wigwams, d.h. ihren Gymnastikreifen zu setzen und die Augen zu schließen. Dann erzählt sie folgende Bewegungsgeschichte:

Die Sonne geht im Westen auf und die Indianer kommen aus ihren Zelten heraus.
Alle Kinder öffnen ihre Augen und stehen langsam auf.
Die Indianer bleiben stehen, um nach dem Rechten zu sehen.
Die Erzieherin schlägt einmal auf die Trommel. Auf dieses Zeichen hin verlassen alle Kinder ihren Gymnastikreifen und bleiben außerhalb von ihnen stehen.
Dabei gehen sie um ihre Zelte herum, halten an und schauen sich um.
Die Erzieherin bestimmt mit ihrer Trommel das Tempo, in dem die Kinder nun um ihre Gymnastikreifen herumgehen. Die Kinder halten dabei eine Hand an die Stirn und schauen sich um.

Sie nehmen ihre Speere in die Hand und laufen durch den weichen Sand.

Die Kinder deuten pantomimisch an, wie sie sich ihre Speere holen und gehen dann zum Spiel der Trommel durch den Raum.

Leise gehen sie aufeinander zu und beschließen in aller Ruh' Fische zu fangen!

Die Erzieherin trommelt jetzt leise und langsam. Dabei gehen die Kinder aufeinander zu. Stehen sie nah beieinander, dann verstummt die Trommel ganz.

Nun gehen alle Indianer leise über eine große Weide, bis sie von ferne eine Bärenfamilie sehen. Sofort bleiben die Indianer regungslos stehen!

Während die Erzieherin leise trommelt, gehen die Kinder auf Zehenspitzen durch den Raum.

Verstummt die Trommel, schauen alle Kinder geradeaus zu den imaginären Bären und bleiben wie versteinert stehen.

Behutsam legen sich alle Indianer hin, weil sie dann viel kleiner sind.

Alle Kinder legen sich langsam auf den Boden. Damit die Bewegung nicht zu schnell ausgeführt wird, kann die Erzieherin mit ihrer Trommel das Tempo bestimmen.

Hinter einem Busch können sie sehen, dass alle Bären ruhig weiter gehen.

Im Liegen heben die Kinder vorsichtig ihre Köpfe an, um nach der Bärenfamilie zu schauen.

Leise stehen die Indianer auf und gehen einen Berg hinauf.

Während die Erzieherin erneut ganz leise trommelt, stellen die Kinder pantomimisch dar, wie sie einen Berg hinaufgehen.

Auf dem hohen Berg angekommen, sind sie etwas müde und benommen.

Alle Kinder bleiben nun stehen und schöpfen Kraft.

Bald laufen die Indianer wieder munter den ganzen Berg hinunter.

Während die Erzieherin trommelt, laufen die Kinder im Raum umher.

Sie laufen durch den grünen Klee, bis zu einem großen See.

Die Kinder laufen weiterhin durch den Raum, bis die Trommel verstummt.

Die Indianer sind so leise wie eine Maus, und holen viele Fische aus dem See heraus.

Nun deuten die Kinder pantomimisch an, wie sie mit den Speeren fischen.

Vor Freude über die große Beute, tanzen alle Rothäute.

Die Kinder tanzen jetzt zur improvisierten Trommelmusik im Kreis herum und klatschen. Verstummt die Trommel, bleiben alle stehen.

Ist der Indianertanz aus, gehen alle schnellstens wieder nach Haus'!

Während die Erzieherin schnell trommelt, laufen die Kinder durch den Raum und suchen sich einen Reifen, in dem sie zum Schluss wieder Platz nehmen.

d. Die Ruhephase

In der abschließenden Ruhephase bittet die Erzieherin die in den Reifen sitzenden Kinder, ihre Augen zu schließen. Danach geht sie möglichst geräuschlos zu einem Kind. Sie flüstert ihm seinen Namen ins Ohr und spielt dabei leise auf der Trommel, wodurch das Kind „geweckt" wird. Es öffnet seine Augen, bleibt aber weiterhin im Reifen sitzen. Diesen Vorgang wiederholt die Erzieherin bei allen Kindern. Sind alle wach, dann räumen sie leise ihre Gymnastikreifen auf.

Zweck der Ruhephase ist die Schulung der Konzentrationsfähigkeit sowie des Gehörsinns. Zudem verlassen die Kinder nach der Ruhephase weniger aufgedreht den Raum.

VIII. Im Freien bewegen und dabei die Natur entdecken

Spiele in der frischen Luft und mit Naturmaterial

In der freien Natur können Kinder wie in kaum einem anderen Umfeld ihre körperlichen Fähigkeiten erproben und Erfahrungen sammeln. Der Aufenthalt und die körperliche Bewegung in der Natur sind nicht nur ein wichtiger Ausgleich zum bewegungsarmen Zeitalter der Technikdominanz und der Medienüberflutung. Im Freien werden Ausdauerbereitschaft, Geschicklichkeit und Konzentration der Kinder besonders intensiv geschult. Auf spielerische Weise entdecken Kinder hier ihre motorischen Fähigkeiten und können dabei ihre eigenen Grenzen immer wieder aufs Neue austesten. Durch Beobachten, Hinhören, Tasten, Schnuppern und Schmecken lernen sie zudem, ihr sinnliches Wahrnehmungsvermögen zu stärken und ein Gefühl für die Natur zu entwickeln. Im Umgang mit den natürlichen Elementen entdecken die Kinder zahlreiche Spielmöglichkeiten.

Halten sich die Kinder in der Natur auf, dann erfahren sie die Einzigartigkeit ihres Lebensraums mit allen Sinnen. Sie beginnen, die Zusammenhänge in der Natur zu begreifen und ihren Lebensraum als schützenswert zu betrachten.

Bei den Spielen des folgenden Abschnitts lernen Kinder die Vielfältigkeit der Natur kennen und wertschätzen. Dass sie hierbei selbstständig handeln und die Natur gemeinsam als einen Spiel- und Erfahrungsraum wahrnehmen, fördert letztendlich auch ihr Selbstbewusstsein und ihr Sozialverhalten.

1. Das Natur-Suchspiel

Materialien:
Korb mit verschiedenen Naturgegenständen

Mitspieler:
ab drei Personen

Ein Kind nimmt einen Gegenstand aus der Natur, beispielsweise einen Fichtenzapfen in die Hand und bittet die Gruppe, einen ebensolchen im Wald zu suchen. Um die Aufgabe möglichst schnell zu erledigen, ist die Bewegungs-, Beobachtungs- und Vergleichsfähigkeit der Kinder gefordert. Dasjenige Kind, welches als Erstes einen weiteren Fichtenzapfen finden konnte, läutet mit einem anderen Naturgegenstand ein weitere Spielrunde ein.

2. Frösche fangen

Materialien:
Kreide

Mitspieler:
ab neun Personen

Auf dem Asphalt malen die Kinder in zirka zehn Metern Entfernung zwei gleich große Kreise. Danach bestimmen sie einen Mitspieler, welcher die Rolle des Storchs übernimmt.

Die übrigen Kinder spielen quakende Frösche, die alle in den selben Teich, d.h. in einen der Kreise hüpfen. Von dort aus beobachten sie aufmerksam den Storch, der auf einem Bein steht. Hüpft der Storch nun einmal auf der Stelle, dann müssen alle Frösche ihren Teich verlassen und in den nächsten Teich, d.h. in den anderen Kreis springen.

Dabei versucht der Storch, der sich stets nur auf einem Bein fortbewegen darf, möglichst viele Frösche zu fangen. Beim nächsten Teichwechsel helfen die bereits gefangenen Kinder mit, die übrigen Frösche zu stellen. Wenn alle Frösche bis auf einen gefangen wurden, ist die erste Spielrunde beendet. Danach darf das übrig gebliebene Kind den Storch spielen, der wieder alleine mit der Froschjagd beginnt.

3. Muscheln entdecken

Während ein Kind die Augen schließt, werden im Sand bis zu fünf Muscheln vergraben.

Materialien:
Sand, Muscheln

Danach öffnet das Kind seine Augen und zieht die Schuhe aus. Barfüßig geht es nun im weichen Sand auf Entdeckungsreise und sucht nach den Muscheln. Spürt es eine Muschel, dann gräbt es diese mit den Füßen aus. Wurden alle Muscheln gefunden, kommt ein anderes Kind an die Reihe.

Mitspieler:
ab einer Person

4. Eins, zwei, drei, ich bin frei!

Die Kinder bestimmen einen aus der Gruppe zum Fänger, der sich für das Spiel eine bestimmte Fortbewegungsart, wie beispielsweise hüpfen überlegen muss.

Mitspieler:
ab drei Personen

Dann hüpfen alle Kinder auf einer Wiese umher. Der Fänger zählt unterdessen laut bis zehn. Danach hüpft auch er los, um die Kinder zu fangen. Bemerkt ein Kind, dass der Fänger ihm zu nahe kommt, berührt es schnell einen Gegenstand, beispielsweise eine Blume. Dabei bleibt es stehen und ruft laut: „Eins, zwei, drei, ich bin frei!" Dieses Kind kann nun nicht gefangen werden. Ist der Fänger wieder weit weg, dann hüpft es erneut auf der Wiese umher. Gelingt es dem Fänger, ein Kind festzuhalten, dann hilft ihm dieser Mitspieler, die

anderen zu fangen. Wenn es nur noch Fänger gibt, beginnt das Fangspiel mit einer neuen Fortbewegungsart von vorne.

5. Die Balance halten

Materialien:
Baumstamm,
Naturgegenstände

Mitspieler:
ab zwei Personen

Die Kinder suchen sich einen Baumstamm zum Balancieren aus, auf den sie vier verschiedene Naturgegenstände, wie beispielsweise ein Blatt, einen Stein, eine Kastanie und einen Tannenzapfen legen. Nun beginnt ein Kind auf dem Baumstamm zu balancieren, während ein anderes neben ihm hergeht. Der Balancierende bewegt sich solange auf dem Baumstamm vorwärts, bis vor ihm einer der ausgelegten Naturgegenstände liegt. Diesen versucht er vorsichtig aufzuheben und dem neben ihm gehenden Spielpartner zu übergeben. Wurden auf diese Weise alle vier Gegenstände eingesammelt, dann darf das andere Kind sein Glück versuchen.

6. Erkannt und losgerannt!

Mitspieler:
ab zwei Personen

Ein Kind beginnt das Spiel, indem es einen Gegenstand aus der Natur beschreibt, ohne dessen Namen direkt zu nennen Die Gruppe muss nun erraten, um welchen Gegenstand es sich handelt. Hat ein Kind die richtige Lösung gefunden, dann läuft die ganze Gruppe los und sucht den betreffenden Gegenstand. Wenn er gefunden wurde, beginnt eine neue Suchrunde.

Variante:
Hier schließen die Kinder die Augen und bekommen eine Frucht zum Riechen oder Schmecken, beispielsweise einen Apfel. Erkennen sie die Frucht, dann öffnen sie ihre Augen und suchen einen Apfelbaum.

7. Die Bärenjagd

Ein Kind aus der Gruppe übernimmt die Rolle des Jägers. Die anderen spielen die Bären, welche nun langsam und schwerfällig umhertapsen. Auf der Jagd nach den Bären darf der Jäger aber nicht laufen, sondern nur gehen. Fängt er einen Bären, dann tauscht er mit diesem die Rolle.

Mitspieler:
ab drei Personen

Variante für die Jüngeren:
Hier spielen die Kinder kleine Mäuschen, die durch den Raum springen und von der schnellen Katze gejagt werden.

8. Der Apfel im Gemüsebeet

Die Kinder bilden zunächst Paare. Während ein Kind aus jedem Paar die Augen schließt, legt das andere eine Obstsorte, beispielsweise einen Apfel, in ein Gemüsebeet. Die Aufgabe des Spielpartners besteht nun darin, den Apfel, der nicht in das Gemüsebeet gehört, zu finden. Dazu öffnet er seine Augen und schaut sich aufmerksam im Gemüsebeet um. Wurde der Apfel entdeckt, dann schließt der andere Partner die Augen und wartet ab, bis das erste Kind beispielsweise eine Birne versteckt, die es im Gemüsebeet zu entdecken gibt.

Materialien:
verschiedene Obst- und Gemüsesorten

Mitspieler:
ab zwei Personen

9. Das Steinchen-Bewegungsspiel

Die Kinder bilden einen Kreis um einen alten Autoreifen. Einer der Mitspieler erhält nun einen Kieselstein. Er beginnt das Spiel, indem er einem beliebigen Spielpartner im Kreis zuzwinkert und den Kieselstein in den Reifen hineinwirft. Liegt der Stein im Reifen, dann rennen beide Kinder los und versuchen, möglichst schnell mit einem

Materialien:
Kieselsteine, Autoreifen

Mitspieler:
ab zwölf Personen

111

Fuß den Reifen zu berühren. Dasjenige Kind, welches als erstes den Reifen berührt hat, erhält nun den Stein und wiederholt das Spiel.

Variante für die Älteren:
Hier müssen die Kinder beispielsweise auf einem Bein zum Reifen hüpfen oder auf Zehenspitzen hinlaufen.

10. Das Obst-Wechselspiel

Mitspieler: ab sechs Personen

Jedes Kind der Gruppe überlegt sich zu Beginn des Spiels, ob es lieber einen Apfel oder eine Birne darstellen will. Danach wird ein Kreis gebildet, in dessen Mitte sich einer der Mitspieler mit zur Seite ausgestreckten Armen postiert. Dann beginnt er, sich langsam um sich selbst zu drehen. Irgendwann bleibt er stehen und deutet so mit seinen ausgestreckten Armen auf zwei Kinder im Kreis. Diese müssen der Gruppe nun mitteilen, ob sie ein Apfel oder eine Birne sind. Werden dabei zwei verschiedene Obstsorten genannt, so versuchen beide Kinder, schnellstmöglich ihre Plätze zu tauschen, indem sie rechts oder links im Kreis herum laufen. Das Kind, welches als Erstes an seinem neuen Platz angekommen ist, darf nun die Rolle des Mitspielers in der Kreismitte übernehmen.

Variante für die Jüngeren:
Die Kinder halten hierbei einen Apfel oder eine Birne in den Händen. Zeigt der Mitspieler in der Kreismitte auf zwei unterschiedliche Obstsorten, dann gehen die betreffenden Kinder in die Kreismitte und umarmen sich.

11. Den Wassermann fangen

Ein Kind aus der Gruppe spielt den „Wassermann", und ein anderes erhält die Aufgabe, diesen zu fangen. Alle anderen Kinder müssen nun jedoch versuchen, dies zu verhindern, indem sie dem „Wassermann", der eine Muschel in den Händen hält, hinterherlaufen. Immer wenn sich der „Wassermann" von dem Fänger in die Enge getrieben fühlt, dann übergibt er die Muschel einem anderen Kind, welches damit die Rolle des Gejagten übernimmt. Gelingt es dem Fänger, den „Wassermann" zu stellen, bevor er die Muschel übergeben kann, ist das Spiel beendet.

Materialien:
Muschel

Mitspieler:
ab drei Personen

12. Das Amsel-Schneckenspiel

Alle Kinder bis auf eines spielen Schnecken, die langsam auf der Wiese umher kriechen.
Sie beobachten dabei stets den verbliebenen Mitspieler, der die Rolle der Amsel hat. Fliegt die Amsel nun in die Nähe einer Schnecke, dann muss diese stehen bleiben und sich in ihr Häuschen verkriechen. Das betreffende Kind deutet dies an, indem es sich ganz klein macht. Ist die Amsel wieder weiter weg, so kommt die Schnecke aus ihrem Häuschen und kriecht langsam weiter. Erkennt ein Kind die Gefahr zu spät, dann muss es mit der Amsel die Rolle tauschen.

Mitspieler:
ab vier Personen

13. Umweltverschmutzer verfolgen

Ein Kind spielt einen Umweltschützer und das andere einen Umweltverschmutzer, der eine leere Dose und eine Plastiktüte in den Händen hält. Während der Umweltschützer bis fünf zählt, rennt der Umweltverschmutzer los und lässt dabei die Dose auf den Boden fal-

Materialien:
Plastiktüte, leere Dose

Mitspieler:
ab zwei Personen

len. Nun muss der Umweltschützer die Dose aufheben und dann den Umweltverschmutzer verfolgen. Kommt er dem Umweltverschmutzer näher, so wirft dieser auch die Plastiktüte weg, welche der Umweltschützer ebenfalls einsammeln muss. Aufgabe des Verfolgers ist es, den anderen möglichst schnell zu fangen, ohne dabei die beiden Beweismittel zu verlieren. Gelingt ihm dies, dann tauschen die beiden Kinder die Rollen.

14. Bienen und Blüten

Mitspieler:
ab sechs Personen

Eine Hälfte der Gruppe setzt sich auf eine Wiese und stellt die Blumen dar. Die anderen spielen summende Bienen, die auf der Wiese umherfliegen. Wenn die Erzieherin in die Hände klatscht, dann suchen sich die Bienen blitzschnell eine der Blüten aus. Dazu bleiben sie solange neben den sitzenden Kindern stehen, bis die Erzieherin erneut in die Hände klatscht.

15. Das Matsch-klatsch-Spiel

Materialien:
Wanne mit feuchter
Erde, Wasserschlauch

Mitspieler:
ab fünf Personen

Für dieses Spiel ist warmes, sonniges Wetter erforderlich. Ist diese Voraussetzung gegeben, dann ziehen die Kinder ihre Badesachen an und füllen eine Wanne mit etwas Matsch. Ein Mitspieler taucht nun seine Hände in den Matsch und versucht dann, mit seinen schmutzigen Händen die anderen zu fangen. Gelingt es dem Fänger, mit einer Hand den Rücken eines anderen Kindes zu berühren, dann gehen beide zur Wanne und reiben ihre Hände mit Matsch ein. Nun versucht auch das zweite Kind, auf die beschriebene Weise ein anderes zu fangen, welches dann ebenfalls seine Hände in den Matsch taucht und zu den Fängern wechselt. Im Schneeballsystem werden so nach und nach die Rücken aller Kinder mit Matsch beschmiert. Nach so

viel Schmiererei ist das Abduschen mit dem Wasserschlauch besonders erfrischend!

16. Es tröpfelt, es tröpfelt, es regnet!

Jedes Kind erhält zum Musizieren zwei kleine Stöcke. Danach verteilen sich alle auf einer Wiese. Ein Mitspieler beginnt nun, auf der Wiese spazieren zu gehen und dabei vorsichtig seine Stöckchen aufeinander zu schlagen bis er vor einem anderen Kind stehen bleibt. Das ausgesuchte Kind muss jetzt hinter dem erstem hergehen und dabei ebenfalls seine Stöckchen aufeinander schlagen. Beide suchen sich dann ein drittes Kind, das auf dieselbe Weise reagieren muss usw. So „tröpfelt" es nach und nach immer stärker und lauter, bis es schließlich unaufhörlich regnet!

Materialien:
kleine Stöcke

Mitspieler:
ab sechs Personen

Variante für die Älteren:
Hier kann man auch spielen, dass der Regen wieder schwächer wird. Dazu bleiben die Kinder nacheinander stehen und hören auf, die Stöckchen zu schlagen. Stehen alle Kinder wieder regungslos auf der Wiese, dann scheint die Sonne!

17. Wenn die Winde wehen ...

Ein Kind spielt einen Baum und stellt sich dazu etwas breitbeinig auf. Die Arme werden in die Luft gestreckt und stellen die Baumkrone dar. In dieser Haltung bleibt das Kind regungslos stehen, bis ein „Windkind" langsam um den Baum herumgeht. Wenn der schwache Wind auf diese Weise die Blätter und Zweige des Baumes behutsam wiegt, muss das „Baumkind" seine Arme ganz leicht hin- und herbewegen. Wird der Wind stärker, dann hüpft das „Windkind"

Mitspieler:
ab zwei Personen

um den Baum herum. Der „Baum" bewegt nun auch seinen Oberkörper leicht. Läuft das „Windkind" schnell um den Baum herum, dann kündigt sich ein schwerer Sturm an. Unaufhörlich bewegt das „Baumkind" jetzt seine Arme und seinen Oberkörper heftig hin und her, bis der Sturm wieder nachlässt.

18. Umweltverschmutzer suchen

Materialien:
Müll aus „weichem" Material, wie z.B. leere Jogurtbecher

Mitspieler:
ab sechs Personen

Die Kinder stellen sich im Kreis auf und schließen die Augen. Sind alle ganz ruhig, dann geht die Erzieherin im Kreis herum und tippt ein Kind ihrer Wahl an, das daraufhin seine Augen öffnet.

Dieses Kind spielt jetzt einen Umweltverschmutzer, indem es möglichst geräuschlos einen leeren Jogurtbecher hinter einen anderen Mitspieler legt. Steht der Umweltverschmutzer wieder auf seinen Platz, dann öffnen alle ihre Augen und sehen nach, bei wem sich der Müll befindet. Das betreffende Kind hebt den Jogurtbecher auf und versucht den Namen des Umweltverschmutzers zu erraten. Wurde der Name herausgefunden, dann muss der Umweltverschmutzer blitzschnell einmal um den Kreis herum laufen. Um zu verhindern, dass er wieder auf seinen Platz gelangt, wird er von dem Kind, hinter dem der Becher stand, verfolgt. Gelingt es, den Umweltverschmutzer zu fangen, so muss dieser sich in die Kreismitte setzten und abwarten, bis er beim nächsten Durchgang des Spiels von einem anderen Umweltverschmutzer abgelöst wird.

19. Achtung, die Flut kommt!

Für dieses Spiel ist ein Spielplatz mit Klettergeräten notwendig. Zu Spielbeginn werden auf dem Boden des Spielplatzes verschiedene Muscheln verteilt. Dann erhält jedes Kind eine Stofftasche und sammelt solange Muscheln auf, bis die Erzieherin ruft: „Achtung, die Flut kommt!" Auf dieses Zeichen hin legen die Kinder blitzschnell ihre Stofftaschen zur Seite und erklimmen ein Klettergerüst. Dasjenige Kind, welches als erstes auf dem Klettergerüst stand, darf als nächstes die Flut ankündigen.

Materialien:
Klettergeräte, Muscheln, Stofftaschen

Mitspieler:
ab drei Personen

Variante für die Älteren:
Hier steigen die Kinder bei der Flutwarnung mit ihren Stofftaschen auf das Klettergerüst. Dabei dürfen die Taschen nicht auf den Boden fallen.

20. Der heftige Regen

Die Kinder bilden zunächst zwei Gruppen. Die Kinder der einen Gruppe verteilen sich auf einer Wiese als Berghütten. Zu diesem Zweck stellen sich die Kinder breitbeinig auf den Boden. Die anderen Kinder ahmen eine Wandergruppe nach, die vergnügt durch die Wiese wandert, bis ein Kind, das eine Hütte spielt, in die Hände klatscht. Vom Regen überrascht, muss sich nun jeder Wanderer unter eine Hütte stellen, d.h. unter die Beine eines „Hüttenkindes" kriechen. Dabei darf jedoch keiner unter die Beine desjenigen Kindes kriechen, welches geklatscht hat, sodass stets ein Mitspieler ohne Hütte „im Regen stehen bleibt".
Bei der nächsten Runde tauscht das Kind, welches keinen Unterschlupf finden konnte, mit einem „Hüttenkind" die Rolle.

Mitspieler:
ab sechs Personen

21. Bewegungsstunde mit Kastanien

Materialien:
Kastanien

Anmerkung: Die nachfolgende Bewegungsstunde kann jederzeit auch im Außenbereich des Kindergartens oder auf dem Schulhof durchgeführt werden.

a. Die Experimentierphase

Wenn der Herbstwind die Bäume schüttelt, dann fallen die kugeligen, gelbgrünen Kastanienkapseln von den Kastanienbäumen. Beim Aufprall auf den Boden platzen sie auf und es fallen die rotbraunen Kastanien heraus. Die Kinder sammeln diese sehr gerne auf, weil sie sich hervorragend zum Basteln und Spielen eignen. Im der Experimentierphase dieser Bewegungsstunde können die Kinder eine Vielzahl von Bewegungseinfällen entwickeln. Sie können die Kastanie beispielsweise:

– auf eine Handfläche legen und betrachten
– mit den Fingerspitzen fühlen
– auf dem Handrücken balancieren
– hochwerfen und mit beiden Händen auffangen
– mit den Füßen hin- und herbewegen
– mit den Füßen abtasten
– auf die Zehen legen und dann den Fuß vorsichtig anheben
– auf dem Arm tragen
– in den geschlossenen Händen schütteln
– mit den Zehen hüpfen lassen
– leise oder laut gegen unterschiedliche Gegenstände aus der
  Natur schlagen
– mit den Händen auf dem Weg kullern lassen
– mit den Füßen umherbewegen
– an einem Baumstamm reiben
– mit zwei Fingern aufheben und halten usw.

Aufgabe der Experimentierphase ist es, durch das freie Spiel mit den Kastanien Fantasie, Wahrnehmungsfähigkeit, Motorik und Koordinationsfähigkeit der Kinder zu fördern. Sie lernen dabei auf spielerische Weise, Vertrauen in ihre Fähigkeiten zu entwickeln und die auf den ersten Blick unscheinbaren Dinge in der Natur zu entdecken.

b. Das Ruhespiel – Ich bin still, weil ich die Kastanien hören will
Für das anschließende Ruhespiel bilden die Kinder einen Kreis und formen mit den Händen eine Schale. Sind alle ganz still, dann legt die Erzieherin eine kleine Kastanie in die Hände eines Kindes. Dieses bleibt nun solange ruhig stehen, bis die Erzieherin leise zwei Kastanien gegeneinander klopft.
Wenn das Kind das Geräusch gehört hat, dann übergibt es seine Kastanie mit beiden Händen dem rechts von ihm stehenden Nachbarn. Jedesmal, wenn die Erzieherin erneut ihre beiden Kastanien gegeneinander klopft, wird die kleine Kastanie nun auf diese Weise an den rechten Nachbarn weitergereicht.
Das Ruhespiel soll die Konzentrations- und Reaktionsfähigkeit der Kinder fördern. Indem sie gemeinsam eine Aufgabe bewältigen, wird zugleich auch das Gruppengefühl gestärkt. Zudem bekommen sie Erfahrung darin, in der Gruppe Stille auszuhalten.

c. Die Mitmachgeschichte – Der Traum der kleinen Kastanie
Die Kinder bleiben zu Beginn der nun folgenden Mitmachgeschichte im Kreis stehen und erhalten von der Erzieherin jeweils eine Kastanie. Danach beginnt die Erzieherin, die nachstehende Geschichte zu erzählen, welche von den Kindern darstellerisch begleitet wird:

Es war einmal eine kleine Kastanie, die schlief unter einem Baum und hatte einen Traum.
Die Kinder suchen sich gemeinsam einen Baum im Garten aus, unter den sie ihre Kastanien legen.

Sie reiste auf einem Schneckenhaus aus dem grünen Park heraus.

Nun knien sich alle auf den Boden und die Erzieherin legt jedem Kind eine Kastanie auf den Rücken. Behutsam krabbeln die Kinder dann umher, sodass die Kastanie nicht herunterfallen kann.

Nach einer kurzen Strecke kroch die Schnecke zu einer Hecke.

Die Kinder krabbeln gemeinsam zu einer Hecke.

Sie ruhte sich in ihrem Haus fast eine Stunde aus.

Vor der Hecke bleiben die Kinder stehen und machen sich ganz klein. Dabei achten sie darauf, dass die Kastanie auf ihrem Rücken liegen bleibt.

Ein Vogel, der auf der Hecke saß und einen roten Apfel aß,

Die Kinder ahmen Schmatzgeräusche nach.

der hörte von der Reise und half auf seine Weise.

Alle Kinder sind jetzt leise und lauschen.

Im Schnabel nahm er die kleine Kastanie mit und flog mit ihr weiter bis nach Madrid.

Die Kinder stehen auf und neigen ihren Kopf nach vorne. Auf diese Weise klemmen sie ihre die Kastanie unter das Kinn. Danach spielen sie den Vogel, der mit der kleinen Kastanie wegfliegt.

Nach einer kurzen Rast, flogen sie weiter ohne Hast.

Die Kinder bleiben für die Pause kurz stehen und gehen anschließend weiter mit der Kastanie unter dem Kinn im Garten umher.

Von weitem sahen sie das große Meer, dort schwammen die Delfine umher.

Die Kinder tun so, als ob sie die Delfine sehen können.

Der Vogel sprach den allergrößten an und fragte, ob er die kleine Kastanie mitnehmen kann.

Alle Kinder bleiben stehen und sagen: „Piep, Piep, Piep!"

Der Delfin setzte die Reise fort und brachte sie zu dem besagten Ort.

Die Kinder nehmen die Kastanie nun in eine Hand und stellen mit ihren Armen pantomimisch dar, wie sie als Delfin im Meer umherschwimmen.

Bald waren sie am Strand von Florida. Das ist direkt im großen Amerika.

Die Kinder bleiben vor dem Sandkasten stehen.

Vergnügt rollte die kleine Kastanie im Sand umher. Hier zu leben ist bestimmt nicht schwer!

Jetzt rollen die Kinder ihre Kastanien im Sand hin und her.

Danach schrieb sie in den weichen Sand: „Lieber Delfin, ich bin froh, dass ich dich fand!"

Alle Kinder schreiben, bzw. malen mit ihrer Kastanie die Botschaft in den Sand.

Der Delfin bedankte sich für die netten Worte und brachte ihr zum Abschied eine Torte.

Die Kinder formen mit den Händen einen kleinen Sandkuchen.

Kaum war der Delfin wieder fort, fühlte sie sich einsam an diesem Ort.

Alle Kinder tun nun so, als ob sie weinten.

Am nächsten Morgen aufgewacht, hat die kleine Kastanie nachgedacht.

Die Kinder recken und strecken sich.

Sie war froh wieder zu Hause zu sein, denn am Strand war sie doch sehr allein!

Die Kinder legen ihre Kastanien wieder unter den Baum.

Sie begrüßte alle Freunde, die sie unter dem Baum traf, sodass sie schnell das Gefühl der Einsamkeit vergaß.

Die Kinder gehen jetzt mit ihren Kastanien um den Baum herum. Treffen sich zwei, dann klopfen sie ihre Kastanien gegeneinander, sodass ein Geräusch entsteht.

Danach machten alle Kastanien einen Kreis, und sprachen laut zum Beweis: „Wir wollen niemals auseinander gehen, und immer zueinander stehen!"

Alle Kinder bilden zum Abschluss einen großen Kreis und legen die Kastanien vor ihre Füße. Danach fassen sie sich an den Händen und wiederholen laut den letzten Satz.

c. Die Ruhephase

Nach der Mitmachgeschichte bleiben die Kinder weiter im Kreis stehen und lassen die Kastanien vor ihren Füßen liegen. Dann stellt die Erzieherin einen Korb in die Mitte des Kreises und bittet ein Kind ihrer Wahl, die Kastanie eines anderen Mitspielers leise in den Korb hineinzulegen und dann möglichst geräuschlos wieder auf seinen Platz zurückzugehen. Anschließend legt das Kind, dessen Kastanie gerade aufgeräumt wurde, die Kastanie eines dritten Mitspielers in den Korb usw. Liegen alle Kastanien im Korb, verlassen die Kinder leise den Kreis und beenden damit die Bewegungsstunde.

Ziel der Ruhephase ist es, die Kinder spielerisch zum Aufräumen der Kastanien zu motivieren und sie dabei gleichzeitig zur Ruhe kommen zu lassen. Das geduldige Warten, bis alle Kastanien im Korb liegen, soll zugleich die Konzentrationsfähigkeit und Aufmerksamkeit der Kinder schulen.

Literaturhinweise und Musiktipps

Bergmann, Brigitte: Tanz mit mir Sonne, Wind und Regen. Bewegung, Ausdruck und Tanz auf der Grundlage der Montessori-Pädagogik, München 1999

Braun, Andrea: Leicht wie eine Feder. Kreatives Tanzen mit Kindern, München 1997; Begleit-CD: Leicht wie eine Feder. Musik für das kreative Tanzen mit Kindern, München 1998

Fink, Monika; Schneider, Ralph: Bewegen und Entspannen nach Musik. Anleitungsbuch und Toncassette, Mülheim an der Ruhr 1994

Franz-Lammers, Heike: Lieder und Bewegungsspiele im Kindergarten, Freiburg 1996

Frey, Peter; Klotz, Thomas: Spielen mit dem Ball. Ein Übungsbuch für Kindergärten und Grundschulen, Mühlheim a. d. Ruhr 1997

Friedl, Johanna: Pi-Pa-Purzelbaum. Spielerische Bewegungsförderung für Kinder, München 2001

Grude, Ulla; Preuss, Sabine: Kindgerechte Bewegungsförderung, Hamburg 1995

Hardley, Evelyn B.: Kinder turnen mit Vergnügen, Weinheim 1993

Herdtweck, Waltraud: Durch Bewegung zur Ruhe kommen. Modelle und Ideen aus der Rhythmik, München 1996

Hirler, Sabine: Kinder brauchen Musik, Spiel und Tanz. Bewegungsmusikalische Spiele, Lieder und Spielgeschichten für kleine und große Kinder, Münster 1998; Begleit-CD: Kinder brauchen Musik, Spiel und Tanz, Münster 1998

Kaltenmorgen, Birgit: Die fröhliche Hüpfkiste. Bewegungs-, Sing- und Spielideen für die Kleinen, Münster 1997

Kempf, Hans-Dieter; Fischer, Jürgen: Rückenschule für Kinder, Reinbek b. Hamburg 1996

Koschel, Dieter; Brinkmann, Ulrich: Spiel, Spaß und Sport für Kinder, Aachen 1997

Krombholz, Heinz: Spaß an Bewegung. Spiele mit Anleitungen für Kinder von 3 bis 6, München 1996

Lendner-Fischer, Sylvia: Bewegte Stille. Wie Kinder ihre Lebendigkeit ausdrücken und zur Ruhe finden, München 1997

Patz, Anne: Spielideen mit dem Luftballon, Ettlingen 1995

Pflugradt, Nina: Kindern den Rücken stärken. Eine Rückenschule mit Gedichten, Bewegungsliedern und Spielen, München 1999

Polman-Tuin, Petra: Der Jahreskreis mit Musik und Bewegung. Spielideen für Kinder im Vor- und Grundschulalter, Seelze-Velber 1994

Ried, Bettina: Eltern-Turnen mit den Kleinsten, Anleitungen und Anregungen zur Bewegungsförderung mit Kindern von 1 bis 4 Jahren, Münster 1996

Rücker-Vogler, Ursula: Bewegen und Entspannen, Fantasievolle Körperspiele und Entspannungsübungen für Kinder zwischen 2 und 9 Jahren, Ravensburg 2000

Schuster, Elfi; Breit, Michaela; Wewer, Iris: Toben, Turnen, Tollen, München 1996

Stein, Giesela: Kinder und Eltern turnen. 1- bis 2-jährige und 3- bis 6-jährige Kinder turnen mit ihren Eltern, Aachen 1997

Stein, Giesela: Kleinkinderturnen ganz groß, Aachen 2000

Zimmer, Renate; Vahle, Fredrick: Ping-Pong-Pinguin, Spiel- und Bewegungslieder zur psychomotorischen Förderung, Freiburg 2000; Begleit-CD: Ping-Pong-Pinguin. Spiel- und Bewegungslieder ab 3 Jahren, Düsseldorf 1999

Kontaktadresse der Autorin:
Andrea Erkert, Seelacher Weg 79, 71522 Backnang
Telefon 0 71 91/90 83 57 oder 01 62/7 34 37 92; Fax 0 71 91/90 83 59
E-mail: andrea.erkert_florida-sun@t-online.de

Fachbücher der Autorin im Don Bosco Verlag

Spiele zum Abbau von Aggressvität

Rund 100 Spielideen die Kindern helfen
mit negativen Gefühlen, Ärger und
Frustration umzugehen.

1. Aufl., München 2003
ISBN 3-7698-1391-X

Kinder brauchen Stille
Entspannungsspiele für Frühling,
Sommer, Herbst und Winter

120 Spielideen zum Stillwerden
und Wahrnehmen

2. Aufl., München 2000
ISBN 3-7698-1103-8

Spiele zur Sinnesförderung

140 Spiele und Übungen zum Hören,
Sehen, Riechen,
Schmecken und Fühlen

3. Aufl., München 2003
ISBN 3-7698-1169-0

Ganz schön was los

Wolfgang Löscher
Wahrnehmungsspiele mit Alltagsmaterial
Experimente, Spiele und Zaubertricks mit Kindern

Eine Ideenkiste mit originellen Spielen, Tricks und Experimenten, die Kinder herausfordert, und alle Sinne anregt.

ISBN 3-7698-1313-8

Ursula Rücker-Vennemann
Entspannungsspiele für Kinder
Ideen, Spiele und Übungen für jeden Tag

Verschiedene Wege der Enstpannung: Materialerfahrung, Bewegung, Wahrnehmung, Atemtechnik und Meditation sind nur einige der vorgestellten Methoden.

ISBN 3-7698-1169-0

Karin Schardt-Bonart
Kreisspiele
Neue und bewährte Ideen für Kindergruppen

Karin Schardt-Bonart ruft einige der Klassiker der Kreisspiele wieder in Erinnerung und stellt viele neue Ideen vor.

ISBN 3-7698-1305-7